中华民族史记

第一卷 根的记忆

徐杰舜◎主编
徐杰舜 余淑玲◎著

海峡出版发行集团
THE STRAITS PUBLISHING & DISTRIBUTING GROUP
福建教育出版社

图书在版编目（CIP）数据

根的记忆/徐杰舜，余淑玲著．—福州：福建教育出版社，2014.8
（中华民族史记/徐杰舜主编；1）
ISBN 978-7-5334-6509-4

Ⅰ．①根…　Ⅱ．①徐…　②余…　Ⅲ．①中华民族—民族历史—通俗读物　Ⅳ．①K28-49

中国版本图书馆 CIP 数据核字（2014）第 150595 号

中华民族史记

Zhonghua Minzu Shi Ji

徐杰舜　主编

徐杰舜　李安辉　罗树杰　张世保　余淑玲　徐桂兰　王升云　著

出版发行　海峡出版发行集团
福建教育出版社
（福州梦山路 27 号　邮编：350001　网址：www.fep.com.cn
编辑部电话：0591—83727141
发行部电话：0591—83721876　87115073　010—62027445）

出 版 人　黄　旭

印　　刷　福州华彩印务有限公司
（福州市福兴投资区后屿路 6 号　邮编：350014）

开　　本　720 毫米×1000 毫米　1/16

印　　张　100.25

版　　次　2014 年 8 月第 1 版　2014 年 8 月第 1 次印刷

印　　数　1—4 082

书　　号　ISBN 978-7-5334-6509-4

定　　价　380.00 元（全六卷）

《中华民族史记》总目

出版说明

《中华民族史记》选题缘起于我们对历史类大众读物市场的考察。在图书市场上，关于中国通史（国家史）的书很多，有学术性的，也有通俗化的，但以中国这个国家的主人——中华民族整体发展历史(民族史）为主要内容的图书尤其是通俗读物却难觅踪迹。各种历史读物虽然不断提到许多古代民族，但在古今中国的版图上，到底生活过哪些民族？他们之间的来龙去脉怎样？他们和今天的56个民族是一种怎样的传承关系？历史学家们经常提到的民族融合经历了怎样的过程？当代中国人身上有谁的遗传密码？所有这些，已有的出版物都没有给出完整的信息。我们认为，出版一套民族史大众读物，让大众了解中华民族从远古走到今天的大致历史过程，不仅很有必要，而且对于增强中华儿女的民族认同感和凝聚力，促进民族团结、社会和谐、国家统一，具有重要的现实意义和长远意义。

2006年初，我们聘请徐杰舜教授为主编，组建了有历史学、民族学等相关学科背景的作者队伍，开始了《中华民族史记》的编写工作。徐杰舜教授是广西民族大学博士生导师、汉民族研究中心主任，长期从事历史学、民族学与人类学研究，在汉族研究上成就尤为突出。几位骨干作者在各自的研究领域都卓有建树，其中李安辉是中南民族大学教授、硕士生导师、南方少数民族中心研究员，史学硕士、法学博士，主要从事民族史、民族理论与政策、散杂居民族问题等研究；罗树杰是广西大学教授、社会发展问题研究所所长，广西壮学学会副会长，历史学硕士、法学博士，长期关注和研究中国民族历史文化、民族问题和民族政策、少数民族的社会发展；张世保教授是历史学硕士、哲学博士，主要从事民族理论、政策与近代思想史研究。作者的族群身份包括汉族、回族、壮族、土家族等。

从选题的提出到付梓，《中华民族史记》的出版历时八年，书稿在编写过程中曾几易其稿。感谢作者、编辑和排版设计人员的坚持与共同努力。

和着中华民族伟大复兴的步伐，《中华民族史记》在此时问世，可谓正当其时。

福建教育出版社

2014年8月

总　序

中华民族从多元走向一体

◎徐杰舜

人类社会把人群分为民族，建构了世界民族之林。

在世界民族之林中，民族或大或小，或古老或年轻，其中有一个民族以悠久连绵的历史、丰富多彩的文化、众多和睦的人民著称，她就是中华民族。

一、中华民族从哪里来

我们从哪里来？古往今来，人们不断地问着这个古老的问题。著名的人类学家费孝通提出了中华民族多元一体格局的理论。“多元”，指的是古今中国的所有民族；“一体”，指中华民族。中华民族就是历史上在中华大地上出现过的无数大大小小的民族或族群，经过滚雪球式的发展，从多元走向一体而形成的。

具体地说，中华民族是在古今中国各民族（族群）的互动整合中形成的，这个过程并没有终结。从中华民族形成的角度说是一个具体过程的终结，但是从中华民族发展的意义上说，这个具体过程刚刚开始，中华民族复兴之路任重而道远。

那么，是哪些力量将中华民族凝聚在一起了呢？

首先，文化基因是底蕴。

在中华民族多元的文化表达中，透露出一个重要的信息，那就是起源多元的中华民族有共同的文化基因，它存在于中华民族的集体记忆之中，具有同类凝聚的功能，即认同的力量。

比如葫芦神话。在汉族和南方诸多少数民族的集体记忆中，大洪水之后，人类毁灭，只有兄妹二人幸存，他们根据上天的意旨结为夫妻，使人类得以再生繁衍。这种作为始祖象征的葫芦神话，历经沧桑，沉淀为中华民族的文化基因。

又如玉石文化。玉是中华民族先民从各种石头中筛选出来的“石之美者”，被赋予了吸纳日月山川之精华、凝聚人间之美质的特征，被看作天地精气的结晶。以玉比德的观念把玉和德融为一体，使玉成为东方精神的物化象征。玉文化所包含的“宁为玉碎不为瓦全”的爱国民族气节、“化干戈为玉帛”的团结友爱风尚、“润泽以温”的无私奉献精神、“瑕不掩瑜”的清正廉洁气魄等，被作为君子应具有的德行加以崇尚和歌颂，深深影响了中华民族的思想，成为中华文化传统精髓的物质根基，造就了中华民族的文化气质。

再如茶文化。中华民族的茶文化源远流长，博大精深，既包含丰富的物质文化，又蕴藏深厚的精神文化。沏茶、赏茶、闻茶、饮茶、品茶等饮茶习惯，都与礼结合在一起，以礼规范饮茶的各个环节。讲究茶叶与水、火候、茶具、环境以及饮者的修养、情趣等的协调，从而形成中华民族饮茶品茗的一种意境之美，并深入诗词、绘画、书法、宗教、医学等中华传统文化之中。更重要的是，茶还成了中华民族成员之间交流互动的使者，茶马互市曾是民族互动交流的重要舞台之一。在历史的变迁中，茶文化也沉淀为中华民族的文化基因。

中华民族虽历经历史暴风雨的无数次冲击，在“洪水滔滔”之中仍然坚定不移地从多元走向了一体，文化基因起了重要作用。

其次，中央对边疆的向心力是关键。

中国自古以来就是多民族的国家，无论是汉族还是少数民族占统治地位，由于历史和文化的作用，在边疆与中央的关系中，往往表现出中央对边疆的向心力，即中央政权对边疆少数民族有一种强大的吸引力。“上下五千年”的中国历史从某种意义上说既是一部中央与地方的关系史，又是一部边疆少数民族与中央政权的关系史。

在中国历史上，中央对边疆的向心力，表现为边疆少数民族入朝纳贡、内附受封、请婚和亲等文化现象。中央对边疆的向心力是中华民族从多元走向一体的政治基础。是什么原因使中央有如此巨大的向心力呢？那是因为各民族都为缔造伟大的祖国贡献了自己的智慧和力量，是各族人民共同建构了中国的历史和文明。

再次，游牧文化与农耕文化的亲和力是内因。

中华民族从多元走向一体，从文化层面看，大而言之基本上是游牧民族与农耕民族之间的互动、磨合和融合。游牧文化与农耕文化本不相容，世界史上这两种不同文化民族之间的冲突和战争不计其数，但中国的游牧文化和农耕文化不仅相容，而且具有巨大的亲和力，这是为什么呢？说起来，奥秘就表现在这两种文化的互补性上。对此，费孝通有一个重要的论述。他说："中原和北方两大区域的并峙，实际上并非对立，尽管历史里记载着连续不断的所谓劫掠和战争。这些固然是事实，但不见于记载的经常性相互依存的交流和交易却是更重要的一面。贸易是双方面的，互通有无。农区在耕种及运输上需要大量的畜力，军队里需要马匹，这些绝不能由农区自给。同时农民也需牛羊肉食和皮毛原料。在农区对牧区的供应中，丝织物和茶常是重要项目，因而后来把农牧区之间的贸易简称为'马绢互市'和'茶马贸易'。"（费孝通等:《中华民族多元一体格局》。中央民族学院出版社，1989 年版第 365 页）

费孝通的话诠释了游牧文化与农耕文化亲和力的内蕴。亲和力就是文化凝聚力，正是由于游牧文化与农耕文化互补性的结合，从古到今，中国的游牧民族与农耕民族才谁也离不开谁。这种深层次的内因，使得中华民族虽然历经无数坎坷，分分合合，合合分分，但"大一统"始终是历史的大潮流、大趋势。

二、中华民族发展的大趋势

中华民族从多元走向一体，与中国民族关系发展的大趋势密切相关。几千年来，中国民族关系大趋势的发展可分为三大阶段。

第一个阶段：从多元融合走向华夏一体。

远古时代，中国民族的崛起是多源和多元的，那时，中华大地上大致有五个大的超级族群集团，即炎黄族群、东夷族群、苗蛮族群、百越族群、戎狄族群。约公元前

2070年，炎黄族群中的夏族形成，中华大地上的民族在互动和融合中出现了新的组合，当时夏族的族群结构号称“万国”。到了商汤灭夏时，商族族群已号称“万邦”、“万方”了。后来，周族的族群则更为复杂，有“九夷、八蛮、六戎、五狄”之说。

春秋战国时期，风云渐变，西周时壁垒森严的民族边界逐渐被打破，由民族互动激起的民族融合的浪潮首先在夏、商、周三族之间兴起。秦晋联姻混血，表明夏、商、周三族间的民族界限完全被打破了，这股浪潮不可避免地波及和扩展到楚、越和蛮、夷、戎、狄之间，形成了波澜壮阔的民族融合的洪流。

中国民族关系从多元融合走向华夏一体的标志，是被称为“诸夏”的华夏族在中华大地上横空出世。秦始皇统一天下，使多元融合而形成的华夏族从分散走向统一，开始屹立在世界的东方。

从约公元前 2070 年夏朝建立，到公元前 221 年秦统一六国，中国民族关系发展的第一个大阶段历时两千余年。

第二个阶段：从民族互化到汉化成为民族融合的主流。

华夏一体，中国的民族结构并没有形成华夏一统天下的格局，而仍然是多民族共存的态势。

国势强盛的汉朝是华夏族转化、发展为汉族的一个拐点。在汉朝通西域、伐匈奴、平西羌、征朝鲜、服西南夷、收闽越和南越的过程中，与周边族群进行了空前频繁的交往，国名“汉”遂被用于称呼华夏族，汉族之称正式确立。这时与先秦时期最大的不同，是形成了人口占多数的汉族与人口较少的其他少数民族共存的二元结构。两汉之时，这种二元结构表现为汉族与北方草原的匈奴、鲜卑，东北的夫余、高句丽、乌桓，西北的羌及西域诸族，西南的西南夷，中南和东南的武陵蛮、俚、僚及乌浒蛮等少数民族共存。到了明朝，这种二元结构表现为汉族与北方的蒙古族，东北的女真族、索伦部，西北的畏兀尔、回回，西南中南的西蕃、壮、瑶、苗、东番、土家、仲家、水、侗、仫佬、民家、百夷、么些、哈瓦、毛难、攸乐、畲、倮黑、俅人、巴苴、山头等少数民族共存。

在这种汉族与少数民族共存的二元结构中，中国民族关系发展的大趋势是从民族互化到汉化成为民族融合的主流。

民族互化，既有少数民族融合于汉族，也有汉族融合于少数民族。

少数民族融合于汉族的汉化趋势，在两汉到清朝前期（1864年前）的两千余年中不胜枚举。如东汉末年，匈奴入迁当时的北地、朔方、五原、云中、定襄、雁门、代、上谷八郡之地，即今甘肃东部、山西和陕西北部、内蒙古呼和浩特至包头一带，特别是三国时期曹操把匈奴分成左、右、南、北、中五部，分别安置在今陕西、山西、河北一带之后，世代以游牧为生的匈奴人逐渐定居务农了。魏晋之后，匈奴人都改用汉姓、汉语了，内迁的匈奴人最后都无例外地汉化了。南北朝时期，北魏孝文帝迁都洛阳，鼓励鲜卑人与汉人通婚，改穿汉服、改鲜卑二三字复姓为汉字单姓氏、禁说鲜卑话而改说汉语等措施，使鲜卑人迅速地汉化了。

汉族融合于少数民族，即“夏变于夷者”的“夷化”，也同样不胜枚举。爨人就是一例。今云南汉代时主要居民是夷人，汉朝在云南设置郡县的同时，不断以屯垦戍边等方式向云南移民。汉族移民与当地土著夷人分别建立“汉户”和“夷户”进行管理。在长期的互动和磨合中，云南的汉族移民在中原王朝衰微的时期，出现了夷化的趋向。到两晋南北朝时，爨氏独霸南中，其统领的居民成为爨人，其中就有夷化了的汉族移民。宋代，东北地区女真族统治者强迫汉族移民穿女真人的衣服、留女真人的发型。著名诗人陆游的词中曾写道“汉使作客胡作主”“庐儿尽能女真语”，反映了汉族移民讲女真话、被夷化的真实情形。

自宋元之后，尤其是明清时期，一些夷化的汉族成为近现代少数民族的祖源之一。回族的形成就是一个典型。自南宋末年到元朝灭亡，经过一百多年的发展，定居在中国各地的回回，与当地的汉、蒙古、维吾尔等民族融合，在明朝时形成为回族。此外，西北的土族、撒拉族、保安族、裕固族，西南的白族、阿昌族，中南的壮族、仫佬族、毛南族等在形成过程中都有汉族成分融入。

虽然民族互化是双向的，但是历史是有选择的，在汉化与夷化的博弈中，由于人口、历史、地理、文化、经济、政治等各种因素所致，中国民族关系发展的第二个大趋势最终选择了以汉化为主流。汉族像滚雪球一样，越滚越大，越滚越结实，人口从明万历二十八年（1600）的1.5亿，到清道光三十年（1850）已达4亿以上。

从公元前206年西汉建立，到1911年清朝灭亡，中国民族关系发展的第二个大阶段也历时两千余年。

第三个阶段：从以汉化为主流转向中华民族认同。

1840年的鸦片战争彻底颠覆了中国传统的"华夷之辨"的民族观，人们猛然明白了世界上的民族并不仅仅以华夷为边界，汉族也只是世界上成千上万个民族中的一个。鸦片战争也彻底颠覆了中国传统的"天下为国"的国家观，人们这才知道中国也不过是世界上成百上千个国家中的一个，天下原来是民族林立、国家林立的多元世界。

鸦片战争后民族概念的引入拨转了中国民族关系发展大趋势的方向，1894年甲午战争后的民族危机激活了中华民族意识的觉醒，1919年的五四运动升华了中华民族的意识，1931年至1945年的抗日战争激发了中华民族意识的全面高涨，勾勒出了中国民族关系发展从以汉化为主流转向中华民族认同的"路线图"。

1903年梁启超提出的"中华民族"概念，到民国时期已深入人心。在同西方列强的抗争中，中国各民族团结对敌，在捍卫国家利益的过程中加强了互动和整合，中华民族的民族意识得到了增强，达到了新的认同。1949年中华人民共和国成立，宣告了中华民族从多元走向一体。

中华民族从多元走向一体的过程，实际上是民族互动的过程。中华民族的形成作为一个阶段已经结束，但中华民族发展的进程才刚刚开始，中华民族的复兴还只迈出万里长征的第一步。

三、实现中华民族的“美美与共”

中华民族在中华人民共和国的国歌声中凝聚成一体，既标志着中华民族形成阶段的终结，又标志着中华民族发展新阶段的开始。济济芸芸的中华民族，以勤劳、勇敢、团结、进步的风貌屹立在世界的东方，峨峨于世界民族之林。几千年来，中国历史上出现过几百上千个民族，经历了漫长而复杂的互动整合，从来没有动摇过从多元走向一体的步伐。中华民族从多元走向一体的历史过程是长期的、持久的，在新的世纪，多元一体内的中国各民族要和平、要发展、要繁荣，要实现中华民族复兴的中国梦，就必须更紧密地团结起来，强化对中华民族的认同，实现中华民族的“美美与共”。

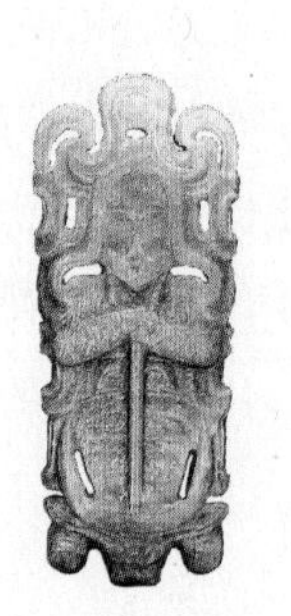

凡 例

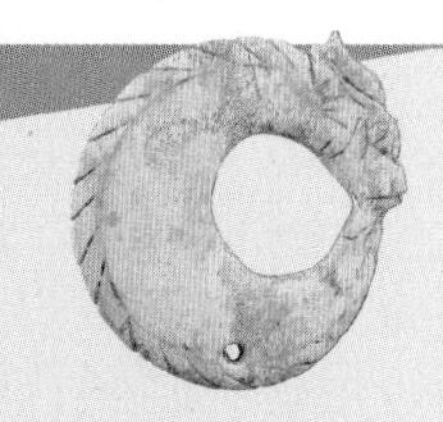

◆《中华民族史记》包括《根的记忆》《天下万邦》《从华夏到汉族》《华胡混血》《激荡融合》《九九归一》六卷，时间从史前到中华人民共和国认定 56 个民族为止。

◆全书以从古到今的时间顺序为纵轴、以同一时间段内不同民族间发生的互动关系为横轴建构内容框架体系。全书主体部分由一个个独立成篇的条目组成，每条内容包括五个互相衔接的板块：(1) 主文。用通俗易懂的语言或故事化的叙述，还原历史事件的背景、过程，阐述其对中华民族历史发展的影响。全书主文共约 585 篇。(2) 图及图注。图文并茂，图文所占版面比例约 1∶1。图片内容与主文有直接或间接联系，全书近 2000 张图片不仅反映了中华民族的政治、经济和文化成就，也是中华民族的生活情景和审美情趣的再现。(3)"阅读指南"。全书向读者推荐了上千种进一步详细了解主文所述历史事件的读物。(4)"寻踪觅迹"。全书介绍了主文所述事件涉及的遗址遗迹、纪念地、文物收藏地、民族节庆活动等参观考察点上千处，如同一部中华民族历史与人文专题寻根旅游指南大全。(5)"小贴士"。根据需要，以简短的文字介绍与主文有关的背景知识，第六卷介绍当代 56 个民族的条目，每篇都有相关民族人口、聚居地小贴士，全书小贴士约 139 则。此外，每卷书末均附有该卷出现过的古今民族或族群名称索引，索引按民族或族群名称首字拼音字母归类，再按出现的页码次序排列。一些民族或族群有多种他称或自称，在文中成组出现时，以组为单位并以该组首个名称的拼音字母归类。全书共出现约 640 个古今民族或族群名称。

◆全书人名、地名、古今民族名称等根据国家语言文字法规并参照权威工具书，尽量使用简化字，少数在相关法规和权威工具书中查不到简化字的，使用繁体字。

◆全书古代时间纪年使用汉字，同时括注公元纪年，在不会引起歧义的情况下，公元纪年的"公元"和"年"字省略。全书汉字月份均表示农历。

◆全书古代地名第一次出现时，一般括注其位置所在地现在的县(市、区)名称。

◆根据数字用法相关规定，全书使用阿拉数字，但 10 以内数字、约数和为了保持局部行文体例的一致性，有时局部统一使用阿拉伯数字或汉字。

◆全书使用法定计量单位，但少量带有引用性质的句子或段落，为了保持历史原味，仍采用里、斤、两等计量旧制。

目 录

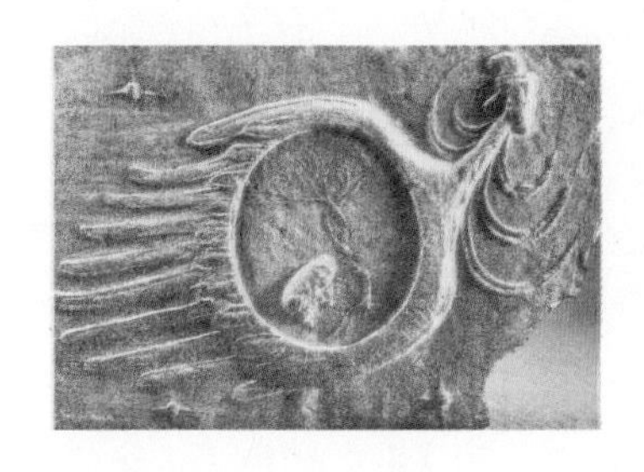

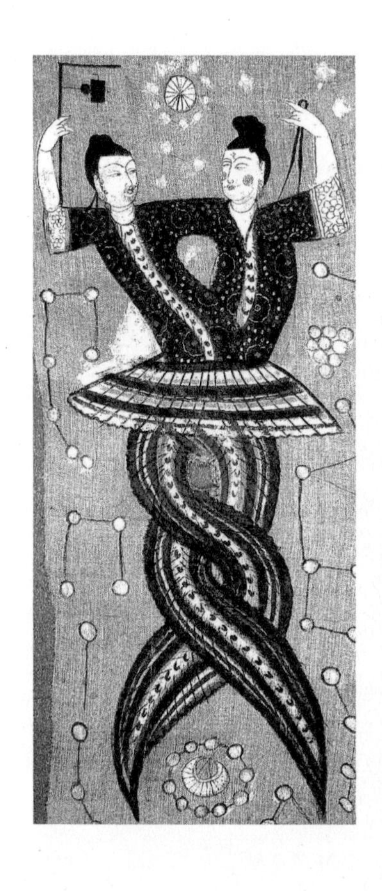

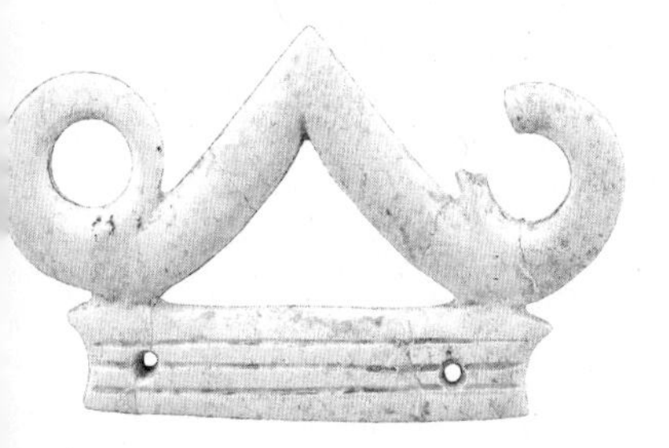

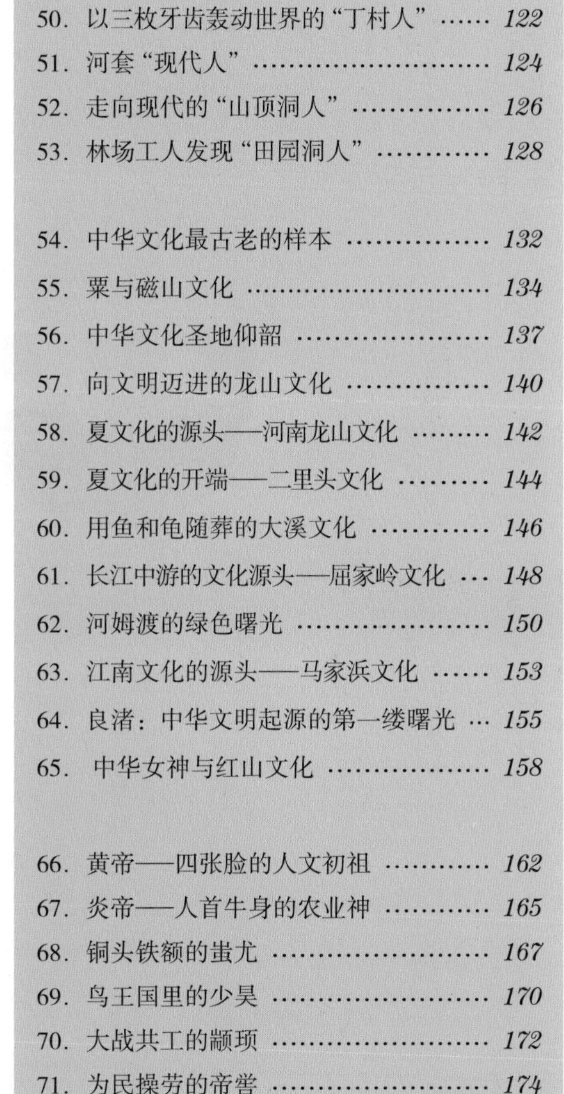

根的记忆

卷首语

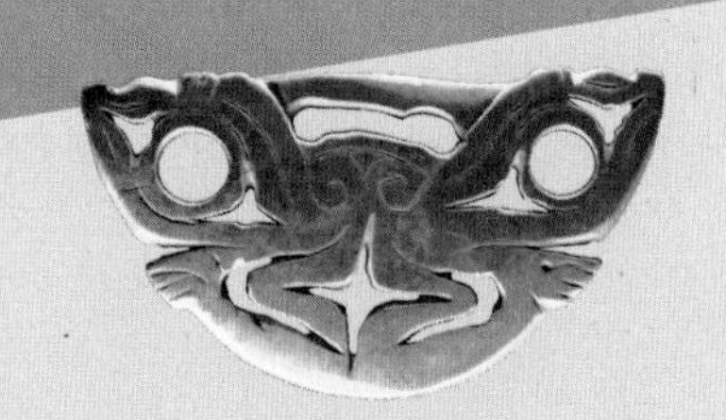

神话、考古遗迹、文献记忆与中华民族的起源

在中华民族走向复兴的新纪元，中华民族从哪里来、何时来，越来越成为人们普遍关注的一个神秘而又有趣的问题，甚至是尖端的科学前沿问题。

关于人类起源，最富于实证意义的是考古发现。20世纪后期以来，一些西方学者根据非洲发现的猿类和早期人类化石，并通过分子生物学等现代科学手段的分析验证，提出了“人类起源非洲说”，认为全世界的现代人，无论种族和肤色，都是远古非洲人的后裔。不同意这种观点的学者则主张人类起源多元说和多地区进化说。有的考古学家认为中国人是土生土长的。从200多万年前的“巫山人”、约170万年前的“元谋人”、50万年前的“北京人”到了约3万年前的“山顶洞人”，一个个环环相扣的考古足迹说明了中华始祖的来龙去脉；裴李岗、仰韶、龙山、河姆渡、良渚、红山等不同时期的原始文化遗址遍布全国各地，一件件异彩纷呈的文物，彰显了中华文化的多元起源和相互承继。

在中华民族的史前记忆中，有许多富有神秘感和浪漫色彩的神话。像盘古一样开天辟地的英雄有许多，他们的创世业绩看起来大同小异，喻示中华民族的成员早已心灵相通；像女娲一样造人的“人祖爷”和“人祖奶”，以及盘瓠传说、洪水传说、葫芦传说等，是中华民族成员的集体记忆。留在记忆深处的神话如此多彩却又那样相似，这真是“心有灵犀一点通”啊！

历史文献是最有魅力的文本记忆，它告诉我们中华民族的祖先长什么样，过着怎样的生活，他们之间有哪些血缘关系和恩怨情仇。三皇五帝、炎黄和蚩尤、尧舜禹、蛮夷戎狄，各有个性，似乎很不像，却又难分彼此。几千年过去了，中华民族还是和当初一样，你中有我，我中有你，因为从古到今，中华民族始终是在从多元走向一体的过程中。

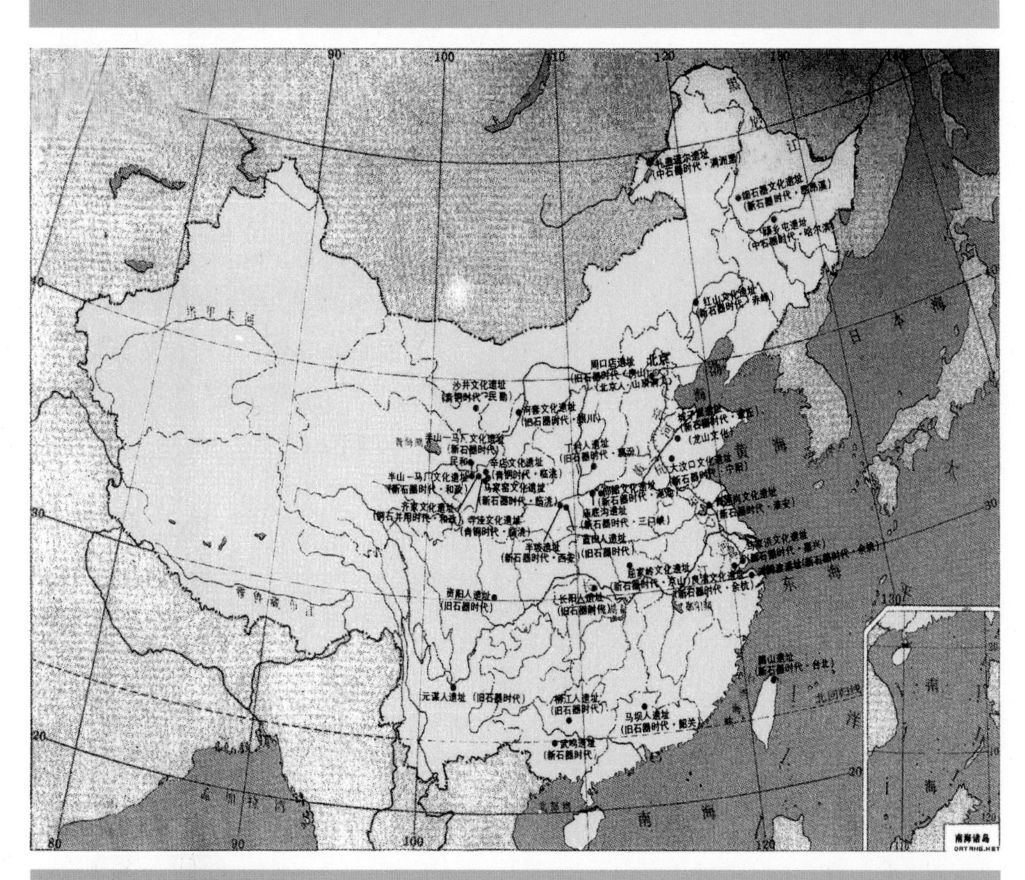

中国重要文化遗址分布图

1. 天问中华创世神

伟大的诗人屈原 2300 多年前在《天问》中问道：

遂古之初，谁传道之？………………关于远古的开头，谁能够传授？

上下未形，何由考之？………………那时天地未分，根据什么来考究？

冥昭瞢(méng)暗，谁能极之？………那时混混沌沌，谁能弄清楚？

冯翼惟像，何以识之？………………有什么在回旋浮动，如何可以分辨？

明明暗暗，惟时何为？………………无底的黑暗生出光明，为的是何故？

阴阳三合，何本何化？………………阴阳二气渗合而生，它们又来自何处？

圜(huán)则九重，孰营度之？………穹隆的天盖共有九层，是谁动手经营？

惟兹何功，孰初作之？………………这样一个伟大的工程，最初的建造者是谁？

屈原是在问茫茫宇宙，开天辟地者是谁。

神话传说中的盘古形象

西汉初年，《淮南子》这本书回答过这个问题。书中说，当上古还没有天地的时候，世界是窈冥混沌的，混沌之中，慢慢生出阴阳两个大神，它俩苦心经营天地，后来阴阳判分了，八方的位置也定出来了，阳神管天，阴神管地，于是建构了世界。

在后来的《山海经》里，开天辟地的是烛龙神。这个神人面蛇身、红皮肤，身长 500 千米，两个橄榄般的眼睛直竖着，

汉画像砖上的盘古形象

现代雕塑：盘古开天

合拢就成两条笔直的缝。烛龙神的神功奇特：它的眼睛一张开，世界就成了白天，一闭拢天就黑了；它吹口气就乌云密布、大雪纷飞，呼口气马上赤日炎炎、铄石流金；它蜷伏着，不吃饭，不喝水，不睡觉，但一呼吸就长风万里；它的神力能照亮一切阴暗的地方，传说它常常口衔一支蜡烛，站在北方幽暗的天门之中。

这个神话的主角还是一个动物，天神还没有人化。到了三国时期，有一个叫徐整的人写了一本《三五历纪》，吸收了南方少数民族中盘瓠（hù）或盘古的传说，创造了一个开天辟地的盘古神——

天地还没有分开的时候，宇宙只是黑暗混沌的一团，好像一个大鸡蛋，我们的老祖宗盘古就孕育在这个大鸡蛋中。

盘古在大鸡蛋中呼呼地睡着、成长着，经过了一万八千年。有一天，他忽然醒了，睁开眼睛一看：啊呀！一片漆黑黏糊，什么也看不见！

盘古非常气恼，不知从哪里抓过来一把大斧头，朝着眼前的黑暗混沌用力一挥，只听得山崩地裂似的一声：哗啦！大鸡蛋破裂开来了。其中一些轻而清的东西冉冉上升，变成了天；那些重而浊的东西徐徐下降，变成了地。天地分开之后，盘古怕它们还会合拢，就头顶天、脚踏地，站在天和地之间，随着它们的变化而变化。天每天升高一丈，地每天加厚一丈，盘古的身子也每天增长一丈。这样又过了一万八千年，天升得很高，地变得很厚了，盘古的身子也长得很长，据推算有九万里长。

盘古这位巍峨的巨人就像一根长柱

>>>阅读指南

覃乃昌：《盘古国与盘古神话》。民族出版社，2007年8月。

陈连山：《中国神话传说》。五洲传播出版社，2008年2月。

河北青县盘古庙盘古塑像

青县盘古庙始建于元至元十五年(1278)，明、清两代曾重修重建。当地的盘古庙会相传已有四千多年历史。

子似的，撑在天和地之间，不让它们有重归黑暗混沌的机会。天和地的构造似乎已经相当稳固，不必再担心它们会合在一起，盘古也实在需要休息了，于是有一天，他倒下死去了。

盘古临死的时候，浑身突然起了变化：口里呼出的气变成了风和云，声音变成了轰隆的雷霆，左眼变成了太阳，右眼变成了月亮，手足和身躯变成了大地的四极和五方的名山，血液变成了江河，筋脉变成了道路，肌肉变成了田地，头发和胡须变成了天上的星星，皮肤和汗毛变成了花草树木，牙齿、骨头、骨髓等也都变成了闪光的金属、坚硬的石头、圆亮的珍珠和温润的玉石，就连身上出的汗也变成了雨露和甘霖……

盘古用他的整个身体使新生的世界变得丰富而美丽！

从此，盘古开天辟地的神话在中华大地上广为流传。不仅在汉族地区有盘古庙、盘古山、盘古洞，南朝梁人任昉在《述异记》中还记载南海中有盘古国，人们以盘古为姓，并有盘古氏墓，绵延150千米，是后人追葬盘古之魂的。在南方的彝、白、傈僳、仡佬、布依、侗、毛南、壮、苗、瑶、畲、土家等民族中，同样流传着与盘古有关的神话故事，在西北土族中也流传着带有土族风情的盘古神话。

盘古开天辟地神话的出现对屈原的追问做了最形象、最浪漫的回答，盘古也就成了中华民族的创世神。

>>>寻踪觅迹

河南桐柏县 被中国民间文艺家协会命名为“中国盘古之乡”，有丰富的盘古文化资源，有盘古磨、盘古庙、盘古洞、盘古斧、盘古墓等众多遗迹。

广西来宾市 是盘古文化的重要发祥地。南朝时境内就有盘古庙，明清时期盘古信仰达到鼎盛，几乎每个村屯都有盘古庙。

2. 彝族典尼开天地

撮泰吉

简称变人戏，是仅存于贵州威宁县板底乡裸嘎寨的一种古老的戏剧形态，被誉为彝族戏剧的活化石。有学者认为它反映的是变成鬼神的祖先当初迁徙、垦荒的艰难场面，借助祖先的威灵来保佑和驱逐邪魔瘟疫。

源于上古氐羌的彝族，直接的祖源是汉、晋时期西南的昆明族和叟（sǒu）族。在彝族的传说中，开天地的创世神叫典尼。

相传远古的时候，天和地都是一片混沌，七天白昼，七天黑夜，分不出上中下，也分不出东西南北。有一天，出现了四个人——典尼、八哥、支格阿鲁和结支嘎鲁，他们商量起开天辟地的大事。

八哥问大伙：开天辟地这件事，是开好呢？还是不开好？

聪明的典尼说：当然要开天辟地，宇宙里应该有动物和植物，否则太凄凉了。我看，必须用四根铜柱子把天顶起来，还要用铜扫帚把天扫上去。谁来造铜柱子和铜扫帚？

八哥说：让结支嘎鲁去造铜柱子和铜扫帚。

典尼说：让我来开天辟地吧！

结支嘎鲁很有力气，八天就把铜柱子和铜扫帚做出来了。

典尼用一根铜柱子敲开了东方的天和地，并顶住了东方的天，太阳就从东方升起来了，地上就有了阳光；他用另一根铜柱子敲开了西方的天和地，并顶住了西方的天，晚上太阳就从西方落下去了，天也就黑了；他又用剩下的两根铜柱子分别敲开了北方和南方的天和地，并顶住了北方和南方的天。这样，天和地分开了，天和地也造成了。

典尼认为天和地分开得不太理想，就用四把铜扫帚分别扫天的四个方向，结果东西南北的天都被扫得升高了，天和地分得更远了，天变成蓝蓝的，地变成黄澄澄的。

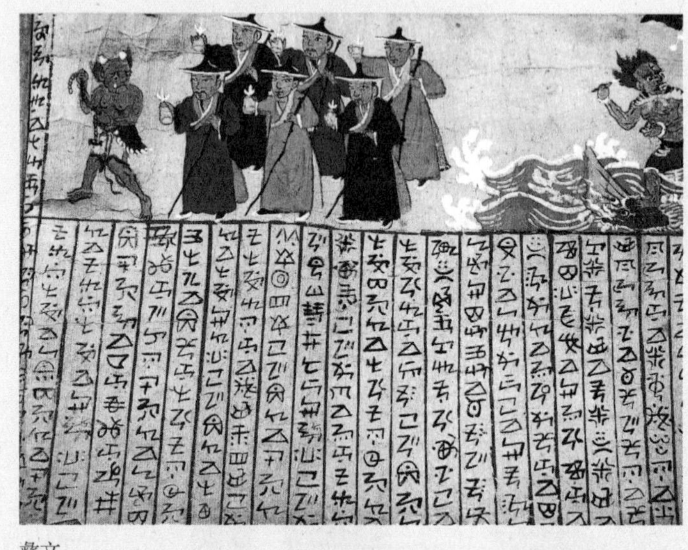

彝文

是一种古老的、自成一体的文字，其创制与应用与祭司毕摩密不可分，也被称为“毕摩文”。彝文何时创制迄今尚无定论。据史志和考古材料看，两汉之际彝文就已比较完备，其古老的书写文化和文献遗产，历经沧桑，沿传至今。

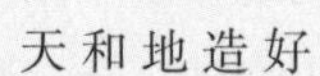

天和地造好了，可是天上没有星星，地上没有草木，怎么办呢？聪明的八哥找到汉族的玉皇大帝，向他要了三把草种和三把花种从天上撒下来，于是地上有了草，草丛里出现了两只麻雀。八哥又请天神帮忙，向玉帝要了三把蕨菜籽从天上撒下来，从此地上有了蕨菜，蕨菜地里出现了一对野鸡，野鸡也有了住的地方。后来八

彝族聚居区到处都有支格阿鲁的雕塑

>>>小贴士

毕摩文化 毕摩是彝族原始宗教的创造者、传播者、主持者和彝族文字的集大成者，毕摩们书就和使用的文献称为毕摩文献。毕摩文化是由毕摩和彝族人民共同创造和传承的一种特殊宗教文化，它以经书和仪式为载体，以神鬼信仰和巫术祭仪为核心，以念经或口诵为手段，以牺牲用物为媒介，内容博大精深、包罗万象，对彝族人民的生产和生活产生了广泛而深远的影响，也是宝贵的文化遗产。

老虎笙

是遗存在云南双柏县法裱镇小麦地冲一带的虎图腾祭祀性舞蹈，被称为彝族虎文化的活化石。每年农历正月初八至十五，彝族倮倮人支系都要进行祭虎、接虎、跳虎、送虎等仪式，以此祭祀祖先。

哥又到玉帝那里要了三把竹子种从天上撒下来，地上就有了竹林，竹林里出现了一对鸡。再后来八哥还向玉帝要了一对熊和一对猴子。地上有了动植物，没有水可不行，于是八哥再向玉帝要水。玉帝放出三条江水，从此地上有了水，凹沟里出现了河流，深山里出现了小溪，地球上万物兴旺了。

那时蓝蓝的天上没有星星，只有七个太阳和七个月亮。八哥找支格阿鲁商量，勇敢的支格阿鲁造了弓箭，去射太阳和月亮。第一次，支格阿鲁站在蕨菜头上射，没射到太阳和月亮，却把蕨菜的头踩弯了；第二次，他站在松树上射，没射着太阳和月亮，却从此使松树被砍了之后不会再发芽；第三次，他站在花木树上射，没有射落太阳和月亮，却从此使花木树都是弯弯曲曲的长不高；第四次，他站在山顶上射，结果一连射落了六个太阳和六个月亮，只留下一个太阳和一个月亮，从此，白天黑夜分明了。天上没有星星，月亮在晚上太孤单，支格阿鲁摘了九把荞子花撒向天空，变成了数不清的星星。

就这样，在汉族玉皇大帝的参与下，彝族的典尼和他的伙伴开辟了天地。

>>>阅读指南

张永祥主编：《彝族民间故事》。云南人民出版社，2009 年 4 月。

起国庆：《彝族毕摩文化——信仰的灵光》。四川文艺出版社，2007 年 3 月。

>>>寻踪觅迹

云南楚雄彝族自治州　元谋人、禄丰恐龙的故乡，也是迄今最早发现铜鼓的地方。楚雄州博物馆、彝族十月太阳历文化园、彝人古镇等都是了解彝族历史文化的窗口。

3. 壮族始祖布洛陀

布洛陀是壮族的创世神、始祖神和道德神

远古时代，岭南的天地是一块坚硬的岩石，没有风雨雷电，也没有人类和村庄。有一天，突然一声霹雳，大岩石“轰隆”一声翻了个滚，裂成了两大片：上面的一片往上升，变成了住雷公的天；下面的一片往下落，变成了住人类的大地。从此，天上有了风云，地上也有了生物。

那时候的天很低，爬到山顶上，伸手可以摘下星星装到篮子里，也可以扯下云彩玩耍。但是天地靠得太近，人们的日子很难过。太阳一照，热得烫死人；雷公轻轻打鼾，人们就无法入睡；倘若雷公大吼大叫，就好像天地崩裂一样，听了使人又惊又烦。

人们找壮族的布洛陀诉说，布洛陀说：“那我们就用铁木把天顶起来吧！”

人们爬了999座山头，才找到一棵十人抱不拢的老铁树，但大家一连砍了99个日夜，还没有把它砍倒。布洛陀亲自抡起斧头，铁树一下子就被砍了一道深深的口子，布洛陀又连砍了两下，铁树“轰隆”一声倒下了。布洛陀把碌陀山当柱脚，竖起铁木柱，

>>>小贴士

打陀螺 壮族地区普遍盛行的体育活动。陀螺种类繁多，有大有小，有轻有重。大的如柚子，重约500克；有的小如鹅蛋，重几十上百克；还有各种超大陀螺。打陀螺比赛热闹非凡，据说已有300多年的历史了。

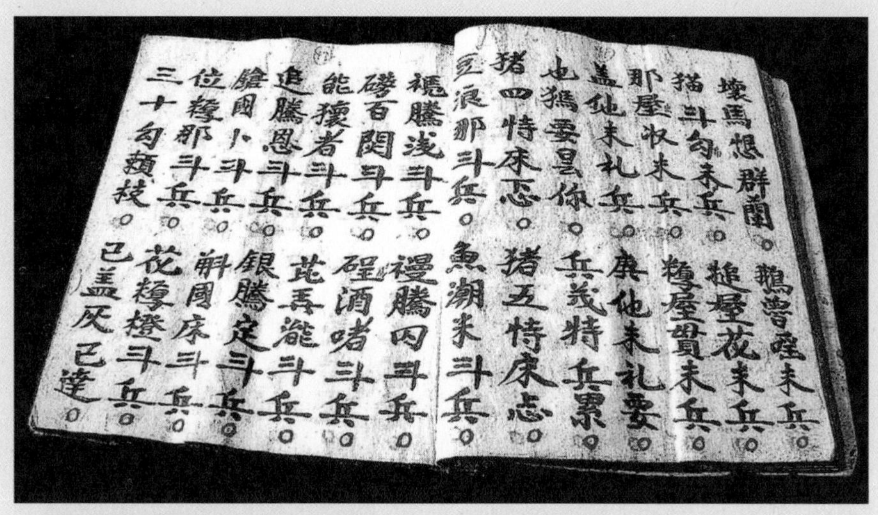

《布洛陀经诗》手抄本

《布洛陀经诗》是壮族的创世史诗和宗教文学，描述了布洛陀创造天地万物的过程，全诗长达万行，在口头传唱的同时，以古壮字书写的形式保存下来。古壮字也叫土俗字，约形成于唐代，是壮族先民模仿汉字造字法创制的一种与壮族语音相一致的方形字。

抵着天，用力一顶，就把一个重重的天顶上去了。

天造好了，掌管万物生死大权的布洛陀又给鸟兽鱼虫、人类、畜类都安名定姓，并制定它们的生活和发展规律，一个崭新的世界初步成型了。

传说中的布洛陀就是壮族的始祖，既聪明又勇敢，什么都能干。他教壮家人养畜禽、种庄稼、栽棉花、纺纱织布做衣服，壮家的一切都是他恩赐的，吃穿不愁。可是天上有19个太阳，晒得河干海枯。为了拯救壮家人，布洛陀派壮家大力士阿正用强弓硬箭射掉了17个太阳，只留下两个，即白天出来的太阳和晚上出来的月亮，人们从此才过上了幸福的日子。

布洛陀派人射落17个太阳惹怒了汉族

壮族铜鼓上的蚂拐形象

蚂拐即青蛙，是壮族崇拜的雨神。传说壮族先人因伤害蚂拐，受到干旱三年的惩罚。布洛陀责令厚葬和祭祀蚂拐，于是有了蚂拐节。节日从正月初一始，长达一个月。人们祭蚂拐、跳蚂拐舞、赛铜鼓、对歌，祈求风调雨顺。

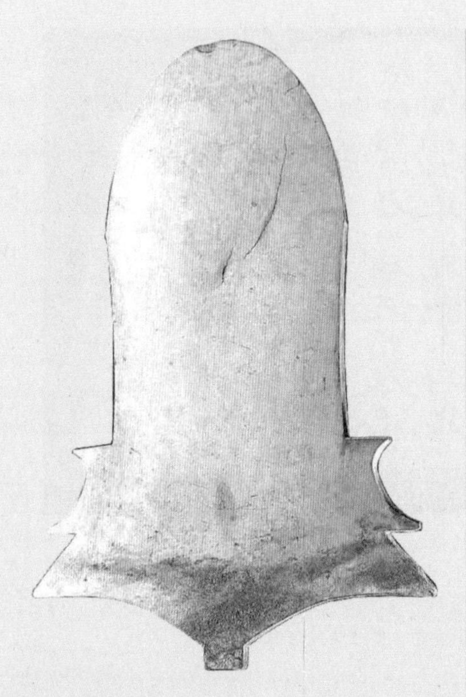

楔形双肩大石铲

新石器时代。广西隆安县大龙潭遗址出土。这种石铲主要集中出土于广西南部，学术界称之为“桂南大石铲”。它既是一种农业工具，也是一种祭祀用具。广西壮族自治区博物馆藏。

的玉皇大帝，玉帝便派天兵天将来捉拿他。布洛陀用飞沙走石与天兵天将搏斗，把他们打败后，他自己也精疲力竭，就坐在一棵盘根错节的大榕树下蓄精养神，准备再战。玉帝趁布洛陀不备，派雷神将他劈死在树下。后人缅怀布洛陀，便在村旁的榕树下为他建庙，四时祭祀，奉为社神。

布洛陀是壮族先民的象征，纪念布洛陀实际上是表达对先人开创基业的感激之情。广西田阳县百育镇的壮族“圣山”——敢壮山，传说是布洛陀居住的地方。每年农历三月初七至初九，从四面八方赶来的壮族群众都要在这里举行盛大仪式，以唱山歌、舞狮、抛绣球等丰富多彩的形式虔诚拜祭布洛陀。据史志记载，田阳敢壮山歌圩形成于隋唐之前，是广西歌海之源，也是百越民族集市之源。

壮族祭祀祖先布洛陀

>>>阅读指南

农冠品：《壮族神话集成》。广西民族出版社，2007 年 6 月。

梁庭望等：《布洛陀——百越僚人的始祖》。外文出版社，2005 年。

>>>寻踪觅迹

田阳县敢壮山布洛陀文化遗址 是纪念珠江流域原住民族人文始祖布洛陀的圣地，是展示以布洛陀文化为核心的壮族原生态文化的基地。

4. 盘古与盘生补天填地

云南大理南诏风情岛沙壹母铜雕

沙壹母是彝、白等民族崇敬的创世始祖母。传说她是个渔女，触沉木（龙的化身）受孕生下十个儿子，他们长大后成为云南各族的先祖。

同样出自上古氐羌族群的白族，直接祖源是汉、晋时期的僰(bó)族，唐宋时的白蛮则是它的前身。在白族的神话中，有两个兄弟，一个叫盘古，一个叫盘生。相传洪荒之时，盘古、盘生才出来凿开天地。

盘生说："阿哥，你造天，我来造地好了！"于是天从东北方造起，地从西南方造起。盘古在鼠年造成了天，盘生在牛年造成了地。

天不满盘古就用云来补，地不平盘生就用水来填。天圆满了，地也铺平了，可是，盘生造的地比盘古造的天大，盘生就用缩地法把地缩小。这一缩，地面上出现了许多皱纹，这些皱纹便是大地上的山。

天地造成后，盘古、盘生就死了。盘古死时，身长足有一丈八尺。他的左眼变成太阳，右眼变成月

>>>小贴士

三道茶 白族招待贵宾的一种饮茶方式，蕴含独特的人生哲理。第一道苦茶，由大理特产烤茶冲泡而成，茶味苦凉清香，寓人生清苦之意；第二道甜茶，茶中加入了大理特产乳扇、核桃仁和红糖等佐料，茶味甜而不腻，寓苦去甜来之意；第三道回味茶，以蜂蜜加少许花椒、姜、桂皮为佐料，茶味甜蜜中带有麻辣味，回味无穷，寓富贵之意，表示对客人的祝福和淡泊对待人生之意。

白族本主庙本主塑像

本主崇拜是白族特有的全民宗教信仰。本主是人神兼备的护卫神，本主崇拜融祖先崇拜、英雄崇拜、自然崇拜、图腾崇拜为一体。

亮，张开眼睛是白天，闭上眼睛是黑夜；小牙齿变成星辰，大牙齿变成树木；小肠变成小河，大肠变成大河；肺变成大海，肝变成湖泊，鼻子变成笔架山，心变成启明星，气变成风，油脂变成云彩，肉变成土，骨头变成大岩石；手指、脚趾变成飞禽走兽，两手、两脚变成四座大山：左手变成鸡足山，右手变成武当山，左脚变成点苍山，右脚变成老君山；筋变成道路，手指骨变成屋顶上的瓦片……

突然，一场大洪水把地面的一切都冲光了，仅剩两兄妹，男的叫赵玉配，女的叫邵三妹，观音把他们藏在金鼓里，使他们得以生存下来。观音要他们结为夫妇，兄妹俩一听，急得哭了起来。他们对观音说："我们是兄妹，怎么能做夫妻？"观音说："现在世界

陶水田模型

东汉。云南大理市大展屯出土，是研究白族生活的洱海地区水利灌溉的珍贵实物资料。大理自治州博物馆藏。

上只剩下你们两个人，你们结为夫妻，才能生男育女，流传后代。”观音让他们一个到东山烧香，一个到西山烧香，两股香烟徐徐上升，在空中会合了。观音指着合到一起的香烟说：“你们看，你们结成夫妻是天意。”

兄妹俩还是不答应。观音又叫他们各拿一根小木棒，一起往河里丢。两根小木棒很快就变成两条美丽的金鱼，一雌一雄，在水中游来游去。观音说：“你们就是应该成为夫妻。”

兄妹俩依旧不答应。观音没办法，便对他们说：“你们一人搬一块磨盘，从山顶推到山沟里，如果两块磨盘合在一起，你们就得成为夫妻。”兄妹俩只好照办。结果，两块磨盘果然合起来了。两兄妹无话可说，只好结为夫妻。

二人结婚不到十个月，就生下一个狗皮口袋，袋内有十个儿子。十个儿子各生了十个孙子，成了百家。他们各立一姓，传说就是中华百家姓的由来。

双柄陶仓

东汉。云南大理市大展屯出土，是研究白族农耕文化的珍贵资料。大理自治州博物馆藏。

持盾立人俑

东汉。云南大理市制药厂出土，大理自治州博物馆藏。

>>>**阅读指南**

张锡禄主编：《白族民间故事》。云南人民出版社，2007年9月。

董建中：《白族本主崇拜——银苍玉洱间的神奇信仰》。四川文艺出版社，2007年3月。

>>>**寻踪觅迹**

云南大理白族自治州　白族聚居地，唐、宋时期南诏、大理在此立国。有以“三坊一照壁、四合五天井”为主要特征的白族传统民居，有白族三道茶以及三月街、绕三灵、石宝山歌会等传统民俗、节日，民族风情浓郁。

5. 瑶族始祖密洛陀

与远古时的三苗有祖源关系的瑶族，其创世神是密洛陀。相传在几万年前，密洛陀用师傅的雨帽造成天，用师傅的两只手和两只脚做四根柱子顶着天的四角，又用师傅的身体做大柱子撑着中间，天地就造成了。接着她又造了大河、小河，造了花草树木等植物，造了鱼虾和牛马猪鸡鸭等动物。

密洛陀叫一个名叫诰恩的人去造山，休息的时候，诰恩取火点烟，不小心失了火。大火烧掉了地上所有的树木花草，地面一片光秃秃的。密洛陀很伤心，她把白布黑布铺在地上，但大地已不像原来的样子了。她就叫一个叫牙佑的人带着银子，走了很远的路，买回树种，然后拿上山去撒，大风一吹，就撒遍了所有的山山岭岭。树种都发芽长成了小树，没多久树木就开花结果了。

蓝靛瑶

因穿用蓝靛染的衣物而得名，主要生活在云南、广西及越南、老挝等地。

布努瑶

瑶族四大支系之一。密洛陀传说在布努瑶中妇孺皆知，每年农历五月二十九日传说是密洛陀的诞辰，布努瑶在这一天过祝著节（达努节），纪念和缅怀祖先。

一天，牙佑走到一个山坡上，看见芭芒叶子上有一只大蝗虫，后脚上的刺又尖又利，能刺破东西。他伸手去捉蝗虫，一不小心，手被芭芒叶割了一道口子，鲜血直流。他灵机一动：如果用铁照着芭芒叶和蝗虫后脚的样子打一件工具，不就可以把木头锯成两半了吗？于是他把这两样东西带回家，照样子做成了锯子，把木材锯成木板，用木板搭建房子。

有了房子住，密洛陀要造更多的人了。她先用泥土来造人，没有造成，却造出了水缸；拿米饭造人，也没有造成，却制成了酒；拿芭芒叶造人，却变成了蝗虫；拿南瓜和红薯造人，又变成了猴子……

一次次失败，密洛陀觉得要造出人来必须找一个好地方。她派出动物们分头去找，都没有找到合适的，最后决定派老鹰去。老鹰吃过早饭，带上午饭，然后飞上天去，找呀找呀，终于找到了一个让密洛陀称心如意的地方。

这确实是块好地方，气候温暖如春，杜鹃花满山开放。密洛陀走到树林里，在一棵树下停下来，见到树洞里有个蜂

>>>小贴士

瑶族男人的成人礼——度戒 瑶族特有的习俗。男孩10岁，父母就请人推算度戒的年份，具体时间确定后又请师父给男孩读经，教授并练习度戒仪式上的动作，进行民族传统道德规范教育。度戒前男孩要蒙被睡五天。在繁杂冗长的度戒仪式后，无论年龄大小，男孩就是男子汉了，可以担任全寨的公职。

红瑶

因女性穿红色服装而得名，主要居住在广西龙胜县泗水、和平乡一带。红瑶女性有世代相传的蓄发、梳妆发型的习俗和护发秘方。龙胜县黄洛瑶寨是著名的长发村，有 60 多名长发红瑶嫂。

巢，蜜蜂们正在繁忙地运送花粉。她把那棵树砍下来，连蜂窝一起扛回，白天炼三次，夜晚炼三次，然后装进箱子里。过了九个月，她听见箱子里哭呀闹呀，热闹得很。打开箱子一看，成了！一个个可爱的人儿出现在她面前。她用水把这群小娃仔一个个洗干净，做抱篓把他们包好，然后用自己的奶水喂他们。

孩子们长大后，分别到各个山头建村立寨，开山种地，从此，村村寨寨冒起了炊烟，山山长满了庄稼。他们就是瑶族的先民。

白裤瑶

因男子常年着白裤而得名，拥有原始、奇特的服饰文化、婚恋文化、葬俗文化、铜鼓文化和陀螺文化。

>>>阅读指南

明月生：《中国神话与民间传说》。京华出版社，2013 年 9 月。

赵廷光：《瑶族祖先崇拜与瑶族文化》。中央民族大学出版社， 2009 年 4 月。

>>>寻踪觅迹

中国白裤瑶之乡 在广西南丹县里湖乡、八圩乡及与其接壤的贵州荔波县朝阳乡一带，至今仍留有母系社会向父系社会过渡时期的遗风。里湖建有白裤瑶生态博物馆。

广西巴马瑶族自治县 被誉为“长寿之乡”，百岁以上寿星占人口的比例居世界五个长寿区之首。有祝著节、射弩、打陀螺等特色民族文化。东山乡聚居有土瑶、番瑶、蓝靛瑶三个支系。

6. 纳罗引勾开天辟地分阴阳

融水苗族芒蒿节

芒蒿是苗族传说中一种善良、健康、长寿的动物，是能驱除魔邪、带来吉祥的神灵。芒蒿节是广西融水一带苗族的传统节日。

与远古的三苗有祖源关系的另一个重要民族是苗族。苗族的创世神叫纳罗引勾，他有两个厚臂膀，还有八节大柱脚。他伸手能揽得云，覆手能戳穿地，三千担糍粑不够他一餐，九百坛酸鱼不够他两口。

一天，纳罗引勾对传说中的另一个巨人仍雍古罗说他要开天辟地，分开阴阳。仍雍古罗说："我有 8 根大木柱，还有 16 根大横梁。大柱顶天天不塌，大梁架地地不歪。"纳罗引勾很高兴，他用粗臂做柄，手掌当刀，把天地切成两半，从此天启了齿，地松了牙。纳罗引勾两脚踩地，两手撑天，仍雍古罗竖起木柱，把天顶了起来。可是天不高，地太矮，

苗绣上的蝴蝶妈妈形象

"蝴蝶妈妈"神话是古代苗族对人类和万物起源的一种解释。传说远古时代，一只美丽的大蝴蝶与溪水恋爱，生下 12 个蛋，孵出了雷、神、龙、牛、姜央（最早的男人）、妮央（最早的女人）等 12 个生灵，天下万物从此繁衍开来。

苗族绣花女

苗族虽然没有文字，但其织物上的很多纹样却形、音、意俱全。如“◇”表示田园，“∽”表示江河，“凸”表示房屋等。

没过多久，五节虫就把大柱蛀断了，天塌了下来。

纳罗引勾问仍雍古罗还有什么好办法。仍雍古罗说：“我还有 13 根大铁柱，虫蛀不烂、咬不蚀。”铁柱扛来了，天又被撑了起来，可不久铁柱生了锈，天又塌了下来。仍雍古罗说：“我还有 12 根大石柱，虫蛀不烂，铁锈不蚀。”石柱扛来了，纳罗引勾又踩地撬天。天被顶住了，可是没有多久，石柱裂了，天倾斜了，塌了下来。

纳罗引勾又问仍雍古罗：“你还有什么好的柱子？”仍雍古罗摇摇头，说：“在乌筛乌列河旁有一个叫务罗务素的老婆婆，她的心肠最好、主意最多，你不妨问问她，说不定她有好办法把天托起来。”

纳罗引勾找到务罗务素，问：“婆婆呀，我正开天辟地，要撬那天，把天顶

>>>小贴士

飞歌 最有代表性的苗歌，又称为吼歌、喊歌、山歌，是青年男女在隔山隔水的情况下，为互表诚意而放声抒怀的一种情歌。迎送客人和宴会上有时也用飞歌。

银装苗家女

苗族将银运用到了极致，创造了世界民族之林中最绚丽的银饰文化。以大为美、以重为美、以多为美是苗族银饰的三大基本特征。

起来，你有虫不蛀、锈不蚀、不断不裂的大柱吗？”务罗务素笑了，指着纳罗引勾的八节柱脚说：“你脚虫不蛀，你脚锈不蚀，你脚压不碎，你脚好当柱。”

于是，纳罗引勾取了自己的四节脚，一根插在西边，一根竖在南角，一根立在北缘，一根植在东坡，天撑住了。他又照着四个擎天脚柱给猪狗牛羊、虎豹熊狼捏腿子，给台桌板凳制木脚。

纳罗引勾摸天，天麻麻；摸地，地疙瘩。他把天心抠下来，把地掏空，落到地上的粉尘，堆积多的聚成了山峰，铺成了山梁。不过天还不大，地也不宽，他又把天来拍、地来捏。从此，中华大地天宽无边，地大无沿。

>>>阅读指南

翁家烈主编：《中国苗族风情录》。贵州民族出版社，2002年10月。

吴晓东：《苗族图腾与神话》。社会科学文献出版社，2002年。

>>>寻踪觅迹

百节之乡广西融水苗族自治县 是产生苗族创世神话的地方，俗称大苗山，苗族节日丰富多彩，规模较大的就有过苗年、安太芦笙节、香粉古龙坡会、安陲芒蒿节、洞头二月二节、新禾节、斗马节、拉鼓节、过场节、闹鱼节等。

7. 木布帕捏地球

傈僳族求雨经
云南维西县档案馆藏。

傈僳族的祖源可以追溯到唐代乌蛮中的施蛮、顺蛮。在傈僳族的传说中，遥远的古代，只有天，没有地，天没东西托着，就像一块浮动着的云彩。

天上有个非常勤劳能干的天神，他的名字叫木布帕。他的力气大，一个人能扛几座大山重的东西；他走得快，一天能绕天转一圈。他看到天没有东西托着，随时都有掉下去的危险，决心捏个地球来支撑天。

木布帕辞别父母妻儿，背上天泥，穿云破雾走了许多日子，来到蓝天底下捏地球。他从日出干到日落，从晚上干到晨星消失，渴了接口露水喝，饿了吃把米炒面，昼夜不停地捏着地球。他捏出一块平地，就种上一片花草树木。

正当木布帕辛勤地捏着地球的时候，降灾降难的魔王尼瓦帝突然来到他面前。为了动摇木布帕捏地球的雄心壮志，尼瓦帝装出一副神色慌张的样子说：“你的独生子死了。”听到这突如其来的噩耗，木布帕的心像被针戳一样疼痛，但他很快就平静下来。他对尼瓦帝说：“儿子死了，还可以再生一个，这捏地球的活儿不能停下来。”

没过多久，尼瓦帝又来到木布帕跟前，对他说：“你的妻子突然得病死了！”木布帕悲痛万分，但他想：这捏地球的活儿还没有完，怎么能半途而废呢？于是他忍着悲痛，含着泪水朝天上望了望，

喝同心酒是傈僳族待客交友的传统仪式

上刀山
是傈僳族刀杆节象征性仪式。刀杆节相传是纪念一位对傈僳族有重恩的古代汉族英雄的，傈僳族人把他的忌日（农历二月初八）定为民族的传统节日。

表示对妻子的哀悼，然后对尼瓦帝说：“鸡食里不会有盐巴，人间没有后悔药，我既然离妻别子来捏地球，灾难临门也不会回头！”

为了尽快捏完地球，木布帕头也不抬一下，腰也不伸一回，汗水湿透了衣裳，铁鞋磨破了双脚。这时，尼瓦帝又施毒计了。尼瓦帝假装惊慌失措地跑到木布帕跟前说：“不好了！你的父母双双去世了！”说完，扭头就走了。

木布帕从小敬爱父母，听说父母双亡，就像霹雳打在头上一样，几乎要昏倒在地。他想：“儿子死了可以再生，妻子死了还可以再娶，一个人一生只有一个父亲和母亲，作为儿子，我必须亲手埋葬双亲才是。”于是，他把没有捏完的泥土扭成坨(tuó)坨，向已造好的平地扔去。这些泥坨坨有的打进地里，成了峡谷深涧；有的落在地面上，成了高山奇峰。由于木布帕来不及捏完地球就匆匆赶回天上去了，传说直到现在地球还缺着一小块边，河水直往那缺凹处流淌。

地球虽然不满边，但是从此地球支架着天，天笼罩着地，天为雄，地为雌，天地配成一对“夫妻”。傈僳族的创世神话真是既悲壮又浪漫！

>>>阅读指南

王恒杰：《傈僳族》。民族出版社，2005年1月。

侯兴华：《傈僳族历史文化探幽》。云南大学出版社，2010年3月。

>>>寻踪觅迹

云南维西傈僳族自治县 地处世界自然遗产“三江并流”腹地，被誉为兰花之乡、药材之乡、天然杜鹃花园和滇金丝猴乐园。

8. 阿昌族天公和地母

在云南，与景颇族的载瓦支系同源的是信仰小乘佛教的阿昌族。在阿昌族的神话中，宇宙本是混沌状，不记得哪年哪月，混沌中忽然闪出了一道白光。有了光，就有了明暗；有了明暗，也就有了阴阳；阴阳相生，诞生了天公遮帕麻和地母遮米麻；明暗相间，产生了30名神将和30名神兵。

阿昌族每年3月20至21日过阿露窝罗节，祭祀并纪念遮帕麻和遮米麻

遮帕麻没有穿衣裳，腰上系着一根神奇的赶山鞭，胸前吊着两只山一样的大乳房。他挥动赶山鞭招来30员神将和30名神兵，还有3600只白鹤。他叫神兵背来银色的沙子，叫神将挑来金黄色的沙子，叫白鹤鼓动它们雪白的翅膀，掀起阵阵狂风。有风就有雨，他用雨水拌金沙造了一个太阳，又用雨水拌银沙造了一个月亮。太阳造好了，可惜没有窝；月亮造好了，可惜没有放的地方。他用右手抓下左边的乳房，变成一座太阴山；又用左手撕下右边的乳房，变成一座太阳山。

遮帕麻喷出的气体变成了满天的白云，流下的汗水化作无边的暴雨。他来到山腰，举起月亮放到太阴山顶上，让月亮有了歇脚的地方；举起太阳放到太阳山上，从此太阳有了归宿。他在两山中间种了一棵梭罗树，让太阳和月亮绕

>>>小贴士

会街 阿昌族传统节日，在农历八九月间举行，是迎接佛祖返回人间的日子。传说佛祖为母亲上天念经三天（相当于人间三个月），返回时佛光普照，青龙白象呈祥。因此，阿昌族会街必耍青龙白象。

着梭罗树转。他创造了日月，定下了天的四极。他造的天像张开的布幕，他造的日月光芒四射，他的名声也从此流传下来。

在天公遮帕麻造天的同时，地母遮米麻也开始织地。遮米麻刚诞生的时候，裸露着身体，头发和脸毛有八尺长，长长的脖子上长着一个比芒果还要大的喉头。她摘下喉头当梭子，拔下脸毛织大地：右脸的毛织出了东边的大地，左脸的毛织出了西边的大地，下颏的毛织出了南边的大地，额头的毛织出了北边的大地。东、南、西、北都织好了，大地比簸箕还要平。她的脸上流下了鲜血，鲜血汇成了大海，淹没了整个大地。遮米麻用她的肉托起大地，使世界有了生机，她的功绩就像大地宽阔无际，像海水深不见底。

"你能织地，我会造天，让我们结合在一起创造人类吧。"遮帕麻说道。

遮帕麻和遮米麻结合了，他们就安身在大地的中央。过了九年，遮米麻生下一粒葫芦籽，把它埋在土里。又过了九年，葫芦籽发出了嫩芽，葫芦藤长得有 99 尺长。可是，整根藤上只开了一朵花，只结了一个葫芦。葫芦越长越大，遮帕麻怕它撑破了大地，就用大木棒将它打开一个洞，葫芦里立刻跳出九个小娃娃，最初的人类就这样诞生了。

人类生息繁衍了不知多少年，突然

阿昌族是爱花的民族，服装经常以花为饰

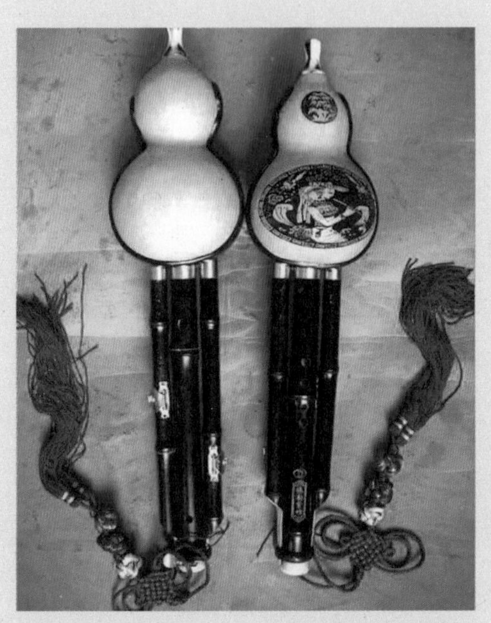
葫芦丝是傣、阿昌、德昂、佤等少数民族地区流行的一种管乐器

有一天狂风大作，暴雨倾盆，洪水淹没了大地。遮米麻用三根地线补好了东、西、北三边的天地。为了挡住从南边吹来的暴风雨，遮帕麻造了一座南天门。在造南天门时，美丽的盐神桑姑尼来到遮帕麻身后，并用甜美的语言引诱他，使他深深陷入情网。

就在这时，狂风和闪电孕育了一个最大的火神和旱神腊訇（hōng）。腊訇假造了一个太阳钉在天上，使地面只有白天，没有夜晚，天空像一个大蒸笼，地面比烧红的铁锅还要烫。水塘被烤干了，树叶枯萎了，水牛的角被晒弯，黄牛的背被烤黄，世界陷入一片混乱。遮米麻派小猫到遥远的拉涅旦叫回遮帕麻，美丽的桑姑尼也跟来，把食盐带到了中国。遮帕麻面对被腊訇搅乱的天地，愤怒万分，他与腊訇三次斗法，战胜了腊訇，将其碎尸万段。遮帕麻砍来黄栗树做了一张千斤弓，挽弓射落假太阳，重整了天地，并派30员神兵把守山头，30员神将管理村寨，共同护佑着人类的安宁。

遮米麻骑日月巡视天地，传说为每年的正月初四。为了纪念天公地母的壮举，这一天被定为窝罗节，并成为阿昌族的传统节日。

创世神话《遮帕麻与遮米麻》在阿昌族地区家喻户晓，并主要以韵文体的史诗流传，由祭司“勒跑”在节日和隆重的祭祀场合中演唱，被视为天地起源、人类诞生、本民族来历的神圣经典，平时不能随便唱。

>>>阅读指南

王雪晨：《阿昌族》。吉林文史出版社，2010年3月。

赵家培主编：《阿昌之魂——阿昌族历史和文化资料选编》。德宏民族出版社，2006年3月。

>>>寻踪觅迹

云南梁河县 阿昌族主要聚居地，有九保、囊宋两个阿昌族自治乡。境内还居住着20余个少数民族，人文景观丰富，民族风情浓郁，有“葫芦丝之乡”的美誉。

9. 扎努扎别为拉祜族创世

拉祜(hù)族源于汉、晋时期的昆明族，南北朝时从昆明族中分化出来的锅锉蛮是它的直接族源。拉祜族在历史上一直没有文字，只能刻竹传信。

拉祜族的创世神话十分悲壮。传说地上本没有人，后来，从地下钻出来一个人，他就是扎努扎别。他长得高大结实，身子有天一样高、大地一半大，忠厚老实又勤劳。他力气很大，一连七天七夜，一刻也不停地犁地，把田地开了出来，撒上谷种。不久，谷子发芽了，抽穗了，庄稼获得丰收。八月十五日过新米节那天，他用新米供祭犁头，拌给牛吃。他说："犁头帮我劳动，牛也帮我种田，应该先吃新米。"

云南澜沧拉祜族

由于扎努扎别没有把新米奉献给天神厄莎，厄莎大发雷霆。厄莎质问扎努扎别："天是我派人造的，地是我派人做的，世上的万物都是我派人创造的。你胆敢不把粮食奉献给我？谁要是不听我的话，就要受到最严厉的惩罚！"

厄莎使法让扎努扎别的田地长满了大树和石头，想让扎努扎别种不成庄稼，把他饿死。但是扎努扎别力气大，他轻轻一拔，大树就被拔掉了，地里的石头，他用箩筐挑了三天就挑完了。

厄莎放出七个太阳，想把扎努扎别晒死。扎努扎别做了一顶像大铁锅一样的七层帽子戴在头上，遮住了太阳光，

>>>小贴士

抢新水 拉祜族春节的独特活动。正月初一凌晨，拉祜族各家的代表就背起盛水的竹筒和葫芦，迅速奔向山泉边抢接"新水"。拉祜人认为，新水最圣洁，是吉祥和幸福的象征。谁先接到新水，谁家新年就更有福气。接回来的新水要先敬献祖先，然后给老人洗脸。

拉祜族对歌

照样种庄稼。

厄莎把太阳、月亮和星星一齐收起来，顿时到处漆黑一团。扎努扎别上山找来了蜂蜡，粘在黄牛角上，砍来松明，捆在水牛角上，点着蜂蜡和松明，照得地里亮堂堂的，照样犁田种地，有吃有穿。

厄莎一连刮了三天三夜的狂风，下了三天三夜的暴雨，打了一个大炸雷，想把扎努扎别劈死。扎努扎别把一口大铁锅和一块大石板顶在头上，一点也没有受伤。厄莎又放出洪水，扎努扎别开沟排水，疏通河道，搬山填洼，谷子和田园都没有被冲走。

厄莎感到用硬办法不行，便想了一个更加狠毒的计谋。他做了一个很大的

>>>阅读指南

陶阳：《中国神话》(上)。商务印书馆，2008年4月。

苏翠薇：《猎虎卡些——拉祜族》。云南人民出版社，2003年。

云南孟连拉祜族

牛屎虫，在它的角上安上又尖又硬的银针，然后涂上毒药。牛屎虫嘴里不住地“勐谢勐谢”乱叫，吵得扎努扎别一刻也不得安宁，他非常生气，一脚向牛屎虫踩去。牛屎虫角上的毒银针戳进了扎努扎别的脚板里，不一会儿，脚就肿了起来。

祭拜茶仪式

每年开始采摘春茶，拉祜族要举行祭茶仪式，以祈望风调雨顺，护佑茶树生机勃勃。

厄莎把腐烂的药敷在扎努扎别的伤口上，嘱咐说：“不到七天不能打开，等发痒发痛时才打开，伤口就会好了。”七天后，扎努扎别的脚发痒发痛时，打开一看，伤口上爬满了蛆，脚板已经烂了。最后，毒药发作攻心，扎努扎别这个巨人就这样被害死了。

扎努扎别死后，各种动物都感到很悲痛，百鸟都来吊孝。厄莎知道后非常生气，赶走了来吊孝的动物，然后命令老鹰来啄扎努扎别的肉，啄了到处丢，剩下的灰用风吹散，一些灰吹到河里变成了鱼，吹到空中变成了飞虫，它们成群结队、一批又一批地飞向天空和厄莎搏斗。

扎努扎别化成了宇宙天地和大自然。他用自己的身体为拉祜族创世，真是悲哉，壮哉！

盛装演出的拉祜族青年

>>>寻踪觅迹

云南孟连傣族拉祜族佤族自治县 拉祜族主要聚居地之一，西部和南部与缅甸隔江相望、山水相连，是通向东南亚的自然通道。水域风光、生物景观及少数民族风情独具特色。

10. 张古老造天，李古老造地

茅古斯，土家语意为祖先的故事，是土家族古老的祭祀性舞蹈，被称为中国戏剧的活化石

起源于古代巴族的土家族崇拜白虎。土家族的创世神话却有另一个版本。

上古洪荒之世，天地连成一片，地上的黄葛藤一牵，牵到天上去了。到处是黄葛藤绊脚，惹得天上的人发了火，把黄葛藤刷了下来，从此黄葛藤只能贴着地面长了。

地上的马桑树长得很高，一直伸到天上。地上的人顺着马桑树爬到天上去玩耍，惹得天上人不耐烦，就把马桑树压了下来，从此马桑树长到三尺高就要勾腰。

地上的蛤蟆猛叫，声音传到天上，吵得天上人睡不好觉，要赶蛤蟆，蛤蟆只好躲到岩板下面叫去了。

地上有个大鳖鱼，它的背顶住了天。有一天，鳖鱼翻了一下身，就把天撞通、地撞漏了。天通地漏，日夜不分，四季不明，地上一团漆黑，怎么过日子呀！

天上的玉帝把张古老喊来，说："张古老，你造一个天吧。"又把李古老叫来，说："李古老，你造一个地吧。"

张古老把白胡子挽成一个结，把衣袖卷起来，捆了一根黄葛藤，就动手做起天来。他搬来五色岩石补在天上，这五色岩石就是五色的云彩。他把五色岩石用铜钉紧紧钉住，这铜钉闪闪发光，

湖北恩施土司城白虎石雕

就是天上的星星。张古老做天，不分昼夜，勤勤恳恳，夜里把灯笼挂在天上，这灯笼就是天上的月亮。张古老做天也实在辛苦，流了很多汗水，这汗水就是露水。张古老辛苦了七天七夜，终于把天做成了。

八宝铜铃舞是土家族祭祀先祖和祈祷五谷丰登、人畜兴旺的一种祭祀仪式舞

张古老回头看看李古老，哪晓得李古老还没动手，睡得正香，还打鼾呢！张古老喊道："李古老，我都完工了，你快起来做地呀！"哪知喊不醒，也摇不醒，越喊，李古老的鼾声越大。张古老没办法，只好在南天门擂起天鼓，"轰隆隆"几个炸雷，才把李古老惊醒了。

李古老揉了揉眼睛一看，才晓得张古老的天已经做成了。他着急起来，慌慌张张地用两手把地一捏，捏成一些疙疙瘩瘩，就成了山山岭岭；用棍棒在地上一戳，就成了洞洞坑坑；地上的水流不出去，他用脚划来划去，就成了溪涧河流。李古老的地虽然也做成了，但是地面上高高低低，坑坑洼洼，坎坷不平，这都怪毛手毛脚的李古老。

虎钮錞于

錞于是古代的一种乐器或祭器，土家族是古代巴人的后裔，巴人以白虎为图腾，把虎铸造在錞于上，正是白虎图腾留在器物上的痕迹。湖北恩施博物馆藏。

土家族的这个创世神话给中华民族的史前记忆增添了一丝新意。

>>>阅读指南

董珞：《与猛虎有不解之缘的土家族》。湖北教育出版社，2006年10月。

向柏松：《神话与民间信仰研究》。人民出版社，2010年6月。

>>>寻踪觅迹

湖南湘西土家族苗族自治州 土家族主要聚居地之一，张家界、凤凰古城等都是著名的风景区。

11. 黎族创世英雄大力神

黎锦上的大力神形象

从上古百越族群的骆越中起源的黎族把“三月三”作为爱情节，他们的创世神是一位大力神。

传说远古的时候，天地相距只有几丈远，天上有七个太阳和七个月亮，把大地烤得滚烫，像一口大热锅。白天和夜间，生灵都躲到深洞里避暑，不敢出来。只有在日月交替的黎明和黄昏，人们才争先恐后走出洞口，去找一些吃的，大家都叫苦连天。

黎族有一个大力神，他想：这样的日子，叫人们怎么活？于是，他在一夜之间使出了全部本领，把身躯伸高了一万丈，把天拱高了一万丈。

天被拱高了，但天上还有热烘烘的七个太阳和七个月亮，仍然威胁着人们的生存。大力神做了一把很大的硬弓和许多利箭。白天，他冒着猛烈的阳光去射太阳，一箭一个，把六个太阳射落了。当他要射第七个太阳时，人们说：“留下这最后一个吧！世间万物生长离不开太阳啊！”大力神答应了人们的请求。

>>>阅读指南

高泽强、文珍：《海南黎族研究》。海南出版社、南方出版社，2007年4月。

陈立浩、范高庆、苏鹏程：《海南历史文化大系·黎族文学概览》。海南出版社、南方出版社，2008年4月。

夜晚，大力神又冒着刺眼的强光去射月亮。他张弓搭箭，一连射落了六个月亮。射第七个月亮的时候，他射偏了，只射缺了月亮的一小角。当他准备重射时，人们又说：“饶了它吧！让它把黑暗的夜间照亮。”于是，月亮便有时候圆，有时候缺了。

大力神拱天射日后想：平展展的一片大地，光溜溜的没有山川森林，人们又怎么生息繁殖呢？于是，他从天上取下彩虹做扁担，拿地上的道路做绳索，从海边挑来沙土造山垒岭。从此，大地上便出现了高山峻岭，那大大小小的山丘，都是他的大筐里漏下来的泥沙形成的。他还把自己梳头梳下来的头发往群山上一撒，山上便长出了头发般茂密的森林。山上的鸟兽们都摇头摆脑，向为它们造林筑巢的大力神表示最真挚的感谢。

>>>寻踪觅迹

海南乐东黎族自治县 有黎族船形屋、金字形屋等景观，还有尖峰岭、毛公山、古海遗迹等名胜。

有了山岭，还得造鱼虾等水族生息的江河湖泊。大力神拼尽力气，用脚尖踢划群山，凿通了大小无数的沟谷，他的汗水流淌在这些沟谷里，便形成了奔腾的江河。这中间最大的一条，就是从五指山一直流入南海的昌化江。

大力神为万物生息不辞辛苦地劳作，终于筋疲力尽，倒了下去。临死前，他担心天再倒塌下来，于是撑开巨掌，高高举起，把天牢牢地擎住。传说那巍然屹立的五指山，就是黎族英雄大力神的巨手。

海南三亚槟榔谷景区大力神造型的大门

12. 日神钟郎和月神蓝娘

畲族祖图(局部)

畲族把始祖盘瓠不畏艰难立下奇功以及繁衍盘、蓝、雷、钟四姓子孙的传说绘成连环画卷，称为祖图，世代珍藏。

与瑶族有着同源关系的畲族身穿凤凰装。他们的创世神有两个，一个是日神钟郎，一个是月神蓝娘。

很久以前，人们白天在一起打猎，晚上在一起围着火堆唱山歌，过着快活的日子。

有一天，天突然黑了半边，原来是一只大水鹰飞来了。大水鹰落到地上，张开嘴一吸，把地面上的水吸干，然后拍拍翅膀向西方飞走了。

又有一天，天突然又黑了半边，原来是一条大火龙游来了。它张开嘴一吸，把地面的火吸光了，然后摇摇尾巴向东方游走了。

>>>小贴士

盘瓠传说 盘瓠是畲族传说中的祖先。三皇五帝时期，黄帝之孙帝喾高辛发榜召天下英雄讨寇。畲族始祖忠勇王揭榜应征，后凯旋。高辛帝大喜，将三公主赐嫁忠勇王，并为他们所生的三男一女赐名：长子盘自能、次子蓝光辉、三子雷巨佑、女婿钟志深，从此代代繁衍不息，成为畲族四大姓。所以畲族祖图、族谱、祠堂或堂屋正柱上往往题有“安邦定国功建前朝帝喾高辛亲敕赐，附马金卿名垂后裔皇子王孙免差徭”之类的族联。

畲族“三月三”

也叫乌饭节。家家户户都从山上采来乌稔树叶，煮汤泡糯米，蒸成乌米饭，亲友共餐，并纪念先人。现已成为一种独特的民俗活动。

从此，人们便没水没火生活在黑暗的世界里，欢笑声没有了，到处充满着凄凉的哭声。这哭声被凤凰山上的一对畲族年轻夫妻听到了，男的叫钟郎，女的叫蓝娘，他们决定分头去把水和火找回来。

钟郎去找火，往东方去了；蓝娘去找水，往西方去了。钟郎在路上遇到一位老爷爷，老爷爷告诉他：“火龙就在前面第三座大山的山坳里面。可是火龙会吐出火团，会把你烧成灰。你得先到金水湖里面浸上一天一夜，炼成个金身子，才能降服火龙。”

钟郎谢过老爷爷，摸索到了金水湖边，跳了进去。金水浸着身子，他感到像被火烧着一般难受。他想到大家都在受苦，就咬咬牙忍住了。他在湖里浸了一天一夜后站起来，浑身发出黄灿灿的光亮，力气也大了，人们就叫他金郎。

钟郎翻过三座大山来到了山坳里，看见火龙正在睡觉。火龙被惊醒了，嘴里吐着烈火。烈火围住钟郎烧，可烧不坏钟郎。火龙怒极了，一口把钟郎吸到嘴边，可就是咬不动。钟郎趁势抓住龙须一攀，攀上火龙角，骑在龙颈上。钟郎在火龙背上揭它的鳞甲，把揭下来的鳞甲向天上抛，一片片鳞甲就变成了一颗颗的亮星星。钟郎用力揭着鳞甲，揭

>>>阅读指南

雷志华、蓝兴发、钟昌尧等：《闽东畲族文化全书·畲族民间故事卷》。民族出版社，2009年2月。

陶阳：《中国神话（上）》。商务印书馆，2008年。

畲族山歌用畲语歌唱，每逢佳节喜庆之日便歌声飞扬

得火龙求饶起来，把所有的火都吐还给人们。钟郎骑着火龙，往西方去找妻子。

再说蓝娘在路上遇到了一位老婆婆，老婆婆告诉她："水鹰就在前面第三个大山谷里面。可是水鹰会吐冰雹，能把你砸成糊糊。你得先到银水湖里浸上一天一夜，变成了银身子，才能降服水鹰。"

蓝娘谢过老婆婆，来到了银水湖边，跳了进去。银水浸着身子，她感到像在冰窖里一样难受。她想到大家都在受难，就咬牙忍住了。她在湖里浸了一天一夜后，全身发出白花花的亮光，力气也大了，人们就叫她银娘。

蓝娘也翻过三座大山来到山谷里。正在睡觉的水鹰被惊醒，嘴里吐着冰雹，对着蓝娘猛砸，可砸不坏蓝娘。水鹰气坏了，一口把蓝娘啄到嘴边，可就是啄不动。蓝娘便在水鹰背上拔羽毛，一根根羽毛落到地上，就变成一片片的雪花。蓝娘用力地拔着羽毛，拔得水鹰也求饶起来，只好把所有的水都吐还给人们。蓝娘骑着水鹰，往东方找丈夫。

钟郎到西方没见着蓝娘，就往东方寻；蓝娘到东方也没见着钟郎，又往西方找。两个人环绕着世间，找来找去，却始终没能碰面。钟郎身上放射出的光亮金灿灿又强烈，人们就叫他太阳；蓝娘身上放射出的光亮白花花又柔和，人们就叫她月亮。

>>>寻踪觅迹

畲族祖地凤凰山　在广东潮州市，是畲族和畲族文化的发祥地，学术界普遍认为这里是畲族在宋代以前的聚居地。

福建福安市　畲族主要聚居地之一，有三个畲族乡。

13. 英叭召造宇宙

欢乐的泼水节

傣族是个乐水的民族，不仅创世英雄英叭召是个蒸汽人，连最隆重的新年——泼水节也和水有关。泼水节一般在农历四月中旬举行，为期三天至七天。

盛行泼水节的傣族创世传说别具一格。

传说几亿年前，没有宇宙，没有定天柱，没有地球、月亮、太阳和星星，整个天地是一个真空，没有边际，没有下底与上盖。在这个无限的真空里，充满着翻腾滚动的气体、烟雾、狂风，看上去就像冬天里空旷的深谷滚动着白雾腾腾的浓烟一样。气体杂着烟雾，大风裹着烟雾和气体，翻腾啊，滚动啊，这样不停地动荡了一万亿年。气体、烟雾和大风在翻腾滚动中凝结成一团，又经过千变万化，最后变成三种气体组合而成的无限大的一个圆球体。这个圆球体呈黑色，充满着浑浊和暗淡的东西，它就是地球的前身。

一个由气体、烟雾和狂风混合产生出来的蒸汽人，就是最早的天神，他的名字叫英叭。他是天地间一切神仙的始

>>>小贴士

傣族的独特历法　傣历和公历纪元相差 638 年，即公历的 639 年为傣历元年。傣年是阳历年，月却是阴历月。傣历分为三季，一月至四月为冷季，五月至八月为热季，九月至十二月为雨季。每隔三年的九月为闰月。这种历法现仍通用于泰国、缅甸等地。

傣族舞蹈种类很多，象脚鼓舞是代表性的舞蹈之一

祖，后来被尊称为英叭召。

英叭召诞生十万年后，仍然随着气体在无际的真空里游荡。经过千万年的磨炼，英叭召成熟了，有了无限的智慧和神力。英叭召看见茫茫无边的真空，飘动着一个黑色的大圆球，他吹开蒸腾的烟雾往下看，见真空底下是一片茫茫无际的海水，海水被烟雾裹卷着，不停地动荡翻滚，海水里住着一条巨大的水神鱼，吃着海水和蒸汽。英叭召伸开他那巨大的双手，把用力搓下来的污垢糊在圆球体上，再舀起海水浇湿，使污垢与气体、烟雾和风紧紧糅合、凝固在一起。

英叭召说：“请让这污垢圆球无限地宽大吧！”随着他的话，圆球慢慢地向

>>>阅读指南

岩香主编：《云南民族民间文学典藏·傣族民间故事》。云南人民出版社，2009年4月。

张公瑾、王锋：《傣族宗教与文化》。中央民族大学出版社，2002年9月。

傣族神偶

孔雀舞是傣族的标志性舞蹈

一样把整个天地固定下来。由于英叭召有无限神力，污垢捏成的架子就变成了镇定天地的西拉神像。他搓下身上的污垢捏成了四块西拉石，分别插在神像的四方，变成了四根定天柱，把天地稳稳地固定在西拉神像的腹部真空下。从此，定天柱形成，天地的东南西北分清了。

英叭召的污垢搓完了，他的指甲也从手指上脱落下来。他见西拉神像的四脚端下缺少硬蹄，就将他的指甲安在神像的四角端上。这时，指甲突然延长变大，慢慢地衔接在一起，远远地把天和地隔开，天和地就此形成了。

下、向左、向右、向四面八方扩大开来，把大水面上所有的烟雾气、水泡水沫紧紧拢在球体周围，形成真空中悬挂着的一个大大的圆体。英叭召给它取了一个名字，叫作地球。

天地有了，可是它动荡不稳，地球仍然浮在水面上。英叭召又搓动他的污垢，用它捏成镇挟天地的架子，像屋架

>>>寻踪觅迹

云南西双版纳傣族自治州 傣族聚居地，不仅有浓郁的民族风情、古老的南传佛教，还有地球北回归线附近保存最完好、面积最大的热带雨林风光。

云南德宏傣族景颇族自治州 环境优美，历史文化灿烂，民族风情独特，居住着傣族等 30 个民族。

14. 天地结婚创世

身佩长刀、弓箭和火镰的珞巴族的创世神话是天地结婚。

最初，天是光光的，地是秃秃的，什么也没有。这时天和地商量：“我们两个也太孤单了，要造出一些东西来才是啊。”于是，天和地就结婚了。他们生了许多孩子，有太阳和月亮、树木和花草、鸟兽和虫鱼等，天地间慢慢热闹起来了。

又过了一些时候，达明和麦包——大地的女儿和儿子降生了。父母都不管姐弟俩，既没有教他们做些什么，也没有教他们该怎样做，他们感到有些茫然不知所措。一天，从天上掉下来一个鸡蛋，他们捡起来放到火上烧。他们面对面地张开腿坐在火边，看着火里的鸡蛋。鸡蛋烧裂迸开了，蛋清溅到了他们的下处，他们互相见到了，从此相爱，成了夫妻。

开始，达明和麦包既不会种庄稼，

珞巴族女子

珞巴族男女的装饰品有银、铜、铁制品和海贝等。过去，盛装的珞巴妇女脖颈上有时戴十几串到几十串珠子，加上手镯、耳环、铜铃、银币、铁链、小刀、火镰、海贝等饰物，有十几斤重，可装满一个竹背筐，是家庭财富多寡的标志。

长刀和弓箭是珞巴族男子的必备品

也不知道使用火，全靠采食野果度日，生活得十分艰难。后来，达明请风魔涅龙也崩取来了火种，从此他们再也不吃生冷的食物了。秋天，果实落地，果核入土，经过寒冬，待到春天，种子发芽萌生了。达明是个细心人，她看在眼里，记在心上。她把采集来的野果果实也播到地里，过了一段时间，播下种子的地方长出了苗子，夏去秋来，就有了收获。就这样，他们学会了种庄稼，发明了农业。劳动没有工具不行，麦包仿照地老鼠的牙齿制作了木锄、木钩和木耒(lěi)，从此，他们有了木质的生产工具。

珞巴族老人奇特的耳饰

达明和麦包不断地改善着生活，一起辛勤地劳动，快乐地生活，繁衍着子孙后代，他们就是珞巴族的祖先。

>>>阅读指南

西藏社会历史调查资料丛刊编辑组：《珞巴族社会历史调查》(二)。民族出版社，2009年6月。

豆晓荣：《珞巴族》。新疆美术摄影出版社，2010年3月。

>>>寻踪觅迹

南伊珞巴民族乡　位于西藏米林县，所在地南伊沟原始森林风光迷人。

15. 哈萨克创世主伽萨甘

哈萨克族虽然是由历史上的乌孙人、突厥人、回鹘人以及部分契丹人、蒙古人长期融合形成的，但在哈萨克族的创世神话中，远古时期只有创世主——伽萨甘。伽萨甘四肢俱全，五官齐备，有耳能听，有眼会看，有舌头可以讲话，长相和人差不多。

伽萨甘先创造了天和地。当初，天只有圆镜那么大，地像马蹄一样小。伽萨甘把天地做成地下、地面和天空三层。后来，天和地各增长成七层，而且在慢慢地长大。那时候，天和地漆黑一团，寒冷无比。伽萨甘用自身的光和热又创造了太阳和月亮，天和地便得到了光明和温暖。

起初，天在上，地在下，地不大甘心，总是摇晃不定。伽萨甘拉来一头硕大无比的青牛，把地固定在牛的犄角上。大青牛天生就是犟脾气，只愿意用一只犄角支撑，地仍然不时晃动。每逢大青牛将地从一只犄角倒换到另一只犄角时，大地就发生强烈的地震。伽萨甘十分气

哈萨克族祖先创造了一种造型别致、适应游牧生活需要、易于转场搬迁的建筑——毡房

恼，顺手抓起一些高山，当作钉子，把大地牢牢地钉在了大青牛的犄角上。

伽萨甘住在天的最上层，所以伽萨甘就是天，天就是伽萨甘。伽萨甘把太阳和月亮都放在天的中间，在太阳和月亮的照射下，大地亮堂堂、暖融融。伽萨甘在大地的中心栽了一棵“生命树”。生命树长大了，结出了茂密的“灵魂”。伽萨甘用黄泥捏了一对空心小泥人，晾干后在他们的肚子上挖了肚脐窝，然后取来灵魂，从小泥人的嘴巴里吹进去，一对小泥人便悠然站立，欢腾雀跃。他们就是人类的始祖，男的名叫阿达姆阿塔，意思是人类之父，女的唤作阿达姆阿娜，意思是人类之母。

>>>小贴士

阿肯弹唱　阿肯即民间歌手，阿肯弹唱是哈萨克族特有的表演艺术，是乐器与民歌相结合的一种演唱形式。内容丰富，包括风俗习惯、爱情、家谱、宗教礼仪、山歌民谣、谜语等，表演形式以对答为主。表演者即兴编词，自弹自唱，以表演者答词切题、准确无误、口齿伶俐、含蓄有趣为胜。

两个小人长大了，伽萨甘让他俩婚配。他们前后共生了 25 胎，每次都是一男一女的双胞胎。同胎的男女不婚配，最后组成了 25 对夫妻。他们以 25 个男性为主，发展成为 25 个部落，后来又进一步发展为各个不同的民族。

伽萨甘用小泥人肚脐窝里挖出的泥

哈萨克毡房内部示意图

哈萨克女子的帽子非常讲究，帽顶上插的一撮漂亮的猫头鹰羽毛是未婚的标志

鹿石

公元前13世纪到公元前6世纪广泛分布于亚欧草原上的一种古代游牧文化遗迹，因碑体上雕刻了图案化的鹿纹样而得名，在我国新疆和内蒙古都有发现。

屑先创造了狗，又创造了虫鱼草木等动植物，并且给它们注入灵魂，使它们都有了生命。

自从大地上有了人类和万物，便呈现出一派生机勃勃、无限美好的景象。这时，巨型恶魔黑暗，对大地上光明、美好的生活十分憎恶。它从天外偷偷地闯进来，把大地笼罩得一片漆黑，并用各种灾害、疾病威胁大地的主人和一切生物。伽萨甘立即派遣太阳和月亮去征战恶魔。

太阳原是强悍刚烈的男性，月亮本是温柔恬静的女子，他们正在热恋中，但是他们欣然接受了伽萨甘的旨意，承担起了抗击恶魔、拯救人类的重任。他们并肩战斗，迎击恶魔黑暗。恶魔来势凶猛，搏斗十分激烈，太阳和月亮彼此失散了，仍然不停歇地驱赶恶魔，用各自的光明照射大地，哺育、庇护着人类和万物。他们十分忠于职守，不停地追赶着恶魔黑暗，可是一对恋人却没有再次聚首相见的机缘。有时候他们难免伤感而流下相思的泪水，相传天上下的雨和雪就是他们的眼泪。

>>>阅读指南

毕桪：《哈萨克民间文学概论》。中央民族大学出版社，2006年6月。

王小平主编：《哈萨克族民俗文化》。新疆美术摄影出版社，2006年12月。

>>>寻踪觅迹

那拉提草原 位于新疆新源县境内，是世界四大高山河谷草原之一，也是中国哈萨克族人口居住最集中的地区。自西汉起，哈萨克族先民就在这里繁衍生息。浓郁古朴的民族风情，加上独特的草原风光，使这里成为著名的旅游胜地。

16. 巨人顾米亚

源于汉、晋时期百濮的布朗族善种茶，创世神是巨人顾米亚。

传说很久以前，天地间到处是一团团黑沉沉、飘来飘去的云雾。巨人顾米亚和他的12个孩子，立志要开天辟地。他们四处奔波，寻找建造天地的材料。

那时候有一头巨大的犀牛，它与云为友，和雾做伴，在广阔的天空中自由自在地遨游着。顾米亚发现了这头犀牛，并杀死它，将它的皮做成天，将它的眼做成星星，拔下它的毛做成树木和花草，用它的脑照着自己的样子创造人类。

布朗族花草鞋

天高悬在空中没有东西撑，倒下来怎么办？顾米亚将犀牛的四条腿变成柱

布朗族生活在云南西双版纳，传统民居为干栏式建筑

子顶住天。大地虚悬在下面，没有东西托，翻过来怎么办？顾米亚抓来一只大乌龟托住地。乌龟不喜欢被压在地下，想逃走，顾米亚就派他最忠实的一只金鸡去看守。乌龟一动，金鸡就啄它的眼睛。有时金鸡太疲倦了，一闭眼睛，乌龟身子就一动，大地震动起来，于是产生了地震。

天稳了，地牢了，顾米亚把世界装点得更美丽了，他和孩子们快乐地生活着。可是，不幸的事情发生了。太阳九姐妹、月亮十兄弟是传说中的凶神，他们忌妒顾米亚，与他为敌。为了破坏顾米亚创造的美好世界，月亮十兄弟和太阳九姐妹一起出动，令大地燃烧、星星失去光芒。由于温度太高，鱼的舌头、螃蟹的头、蛇的脚和青蛙的尾巴都缩没了。愤怒的顾米亚拿起神弓追杀月亮和太阳，他射出了18支箭，杀死了八个太阳和九个月亮。由于筋疲力尽，让一个月亮和一个太阳跑掉了，但是月亮也被

>>>小贴士

串姑娘 布朗族传统的恋爱方式。每当月亮升起，小伙子们怀抱三弦，来到姑娘的竹楼下，用诙谐的语言和热情的歌声去打动意中姑娘。姑娘们燃起火塘，请小伙子进门，用对歌、递烟、敬茶等方式表达自己对心上人的爱慕。串姑娘可以群访，也可以单独夜访，是青年男女交流思想和情感的普遍形式。布朗山区以花为媒，当男女双方恋爱感情笃深，男子就会提出求婚。姑娘如果从小伙子献上的花束中挑选一朵戴在头上，就表示同意婚事。

蜂桶鼓和蜂桶鼓舞是云南双江县布朗人的独门绝活。蜂桶鼓因形状像民间养蜂的蜂桶而得名

布朗族表演艺术形式多样

吓得通体冰凉，从此无法再散发热量。

由于月亮和太阳都躲了起来，世界又被寒冷包围，顾米亚于是派遣动物们找月亮和太阳商谈，让他们恢复工作。太阳害怕顾米亚，被吓得躲在洞里。她对鸡说："顾米亚不在的时候，你就叫我。"因此每天早上，雄鸡的鸣叫宣告太阳的升起。

大家按照顾米亚的吩咐，要求太阳和月亮一个白天出来、一个晚上出来，月初和月尾的晚上在石洞里相会。太阳妹妹害羞，月亮送给她一包绣花针，说谁看她的脸，就用针刺谁的眼睛，所以人们抬头看太阳，就会觉得刺眼。

>>>阅读指南

王雪晨：《布朗族》。吉林文史出版社，2010 年 4 月。

赵瑛：《布朗族文化史》。云南民族出版社，2002 年 5 月。

>>>寻踪觅迹

云南双江县 中国唯一由四个自治民族（拉祜、佤、布朗、傣）组成的自治县，居住着 25 个民族，布朗族是其世居民族。

布朗族生态博物馆 所在地云南勐海县章朗村是一个有千年历史的古村寨，至今还保留着布朗族传统的民风民俗和世代居住的竹楼，保存着古佛寺、古佛塔、古茶园以及热带雨林等原始生态与人文环境。

根的记忆

内蒙古克什克腾旗史前彩绘岩画

距今约 6500 年～5000 年。这是古人用红赭石绘制的人与动物共舞图。他们在做什么？我们能做的只有猜测和想象。

17. 女娲补天造人

传说中人首蛇身的女娲形象

女娲是一个本领高强、异常特别的女性，传说她人头蛇身，一天之中可以有70种变化。

女娲生活在天地很不太平的时期：地的四极忽然坍塌，九州四散分裂；天分成许多片，望上去到处都是黑洞；不少地方燃起了大火，有些地方被浩瀚的大水淹没；猛兽横行人间，专门捕食善良的百姓；蛰鸟在天空盘旋，看见老人和儿童，就冲下来啄食……

>>>阅读指南

陶阳：《中国神话（上）》。商务印书馆，2008年4月。

曹明权：《女娲文化研究》。湖北人民出版社，2007年1月。

女娲不忍心看到天地发生如此灾难，人民遭受痛苦。她建造了一个炉子，用高温炭火烧炼出一种五色的石头，把石头镶嵌在裂成许多片的苍天之中，把天上的黑洞补得没有一点缝隙。她又截断海中一只大龟的四脚，把它们立在地的四角，把地稳固地支撑起来。她杀掉水精黑龙，使滔滔洪水不在地上横流。她还积聚芦苇烧成的灰，用来止住从地下冒出来的淫水。天补好了，地牢固了，淫水枯竭了，猛兽被制服了，黎民百姓的生活安定了，大地又出现了宁静、祥和的景象。

女娲背靠着四方的地面，手抱着浑圆的天体，使春天风和日丽，夏天阳光灿烂，秋天肃杀萧瑟，冬天万物隐藏。看见天下有阴阳壅(yōng)塞、沉积不通

河南新安县磁涧西汉壁画女娲和月亮

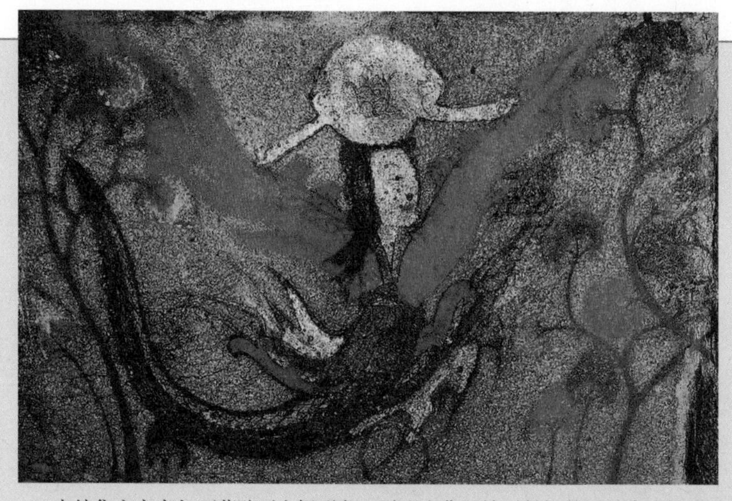

吉林集安市高句丽墓壁画女娲形象，说明中华民族对始祖传说的高度认同

的地方，女娲就挖开通道加以理顺。看见乱气与万物背离，伤害民众积累财富，女娲就去制止。经过女娲扶正祛邪、救危为安，当时的禽兽虫蛇，无不藏匿其爪牙、毒汁，没有了攫取、吞噬之心。

传说女娲是伏羲的妹妹，又是伏羲的妻子，他们是兄妹也是夫妻。据说兄妹俩在昆仑山上想结为夫妻却又害羞，于是就向天空大喊："天如果牵合我兄妹为夫妻，这山上的烟就合拢到一起；如果不同意，就让烟消散。"结果，山上的百烟立刻合拢，于是兄妹二人就合宿一处。人类由于他们结婚而得以繁衍。

伏羲女娲画像砖

东汉。河南博物院藏。

女娲还有造人的本领。当时天地刚开辟，人口稀少，女娲就抟(tuán)黄土造人，一抟就是一个。由于抟土太累，她就把粗绳和在烂泥中，粗绳一拉，就是一个人。传说女娲具有为男女之事说合的技巧和癖好，因而成为"高媒"之神。后世男女为求配偶或夫妻盼望生子，都要祭祀高媒之神。

>>>寻踪觅迹

河北涉县　女娲文化之乡，"女娲祭典"被列入国家非物质文化遗产名录。娲皇宫始建于北齐天保年间，已有1450余年历史，是中国规模最大、时间最早的奉祀中华始祖娲皇的古代建筑群。

河南济源市邵原镇　有"女娲神话之乡"的称号。当地小沟背景区有一条彩石谷，传说是女娲抟泥造人的地方。此外，陕西平利县、甘肃秦安县、河南西华县等地也有女娲人文胜迹。

18. 人祖爷伏羲

甘肃敦煌莫高窟第285窟西魏伏羲女娲壁画

传说在极乐的华胥氏之国中有位姑娘。一天，她来到一个叫雷泽的地方玩耍，偶然看到一个巨大的脚印，出于好奇，就踩到这个脚印上，结果竟有了感应而怀了孕。不久，她生了一个儿子，取名宓(mì)牺，即伏羲。由于伏羲的降生是其母踩了雷泽中的“大迹”而受孕的结果，因此，先人们认为他是雷神之子，于是推他为人民的君主、百王的首领。

伏羲聪明，知识丰富，百姓很敬佩他。他教百姓礼节，教人们织网捕鱼，饲养牲畜，让人们过上幸福的生活。传说伏羲在观察天文、地理的基础上，发明了八卦，用它预测未来，保护人民。最后，伏羲离开人间，到神仙们住的仙境去了。

传说伏羲人首蛇身，龙形、蛇躯、鳞身，这正好是龙的形象。千百年来，中华民族以龙的传人而深感自豪，中华大地被称作龙的土地，龙已成为中华民族的形象代表。

传说伏羲生活的时代，人烟本来就很稀少。一天，天塌地陷，世界上只剩下伏羲、女娲兄妹二人。为了繁衍人类，

>>>小贴士

三皇 是传说中夏朝以前的帝王。三皇时代距今约四五千年至七八千年乃至更为久远。“三皇”有不同说法，大致有五种：燧人、伏羲、神农；伏羲、女娲、神农；伏羲、祝融、神农；伏羲、神农、共工；伏羲、神农、黄帝。

兄妹俩只好求上天做媒，让他们按照天意结为夫妻。所以，人们至今称伏羲为人祖爷，称女娲为人祖姑娘，而不称人祖奶奶。他们嫌自己生育太慢，就用泥捏制泥人，这些泥人晒干后，都能走动、说话，变成了人。

伏羲、女娲兄妹成婚繁衍了人类，成了中华民族的“人祖”。

伏羲女娲交尾图

唐朝。出土于新疆吐鲁番阿斯塔那—哈拉和卓古墓群，共有二三十幅，大多出现在夫妻合葬墓中。画面中伏羲女娲人首蛇身，互相搂抱，双目平静而含情地对视着，手持规和矩，下半身蛇形尾交缠在一起。背景有日月、三足乌、玉兔、桂树、蟾蜍以及星象图等，寓意深刻，富有神秘感。伏羲女娲图汉代在中原广泛流行，南北朝后渐渐衰亡，但几百年后唐代的西域却仍然崇奉他们，伏羲女娲也被描绘成“胡人”模样，体现了中华民族强烈的文化和价值认同。阿斯塔那—哈拉和卓古墓群是西晋初年到唐代中期高昌官民的公共墓地。中国国家博物馆和新疆维吾尔自治区博物馆收藏有相关文物。

伏羲画像

>>>阅读指南

傅小凡、杜明富：《神话溯源——女娲伏羲神话的源头及其哲学意义》。甘肃人民美术出版社，2007年1月。

辛中正：《伏羲传奇》。西安交通大学出版社，2010年1月。

>>>寻踪觅迹

伏羲故里 有甘肃天水与河南新密二说。新密被民间文化组织认定为“羲皇文化之乡”。

伏羲庙 中国现存三大伏羲庙，分别是甘肃天水、河南淮阳和山东微山伏羲庙古建筑群。

19. 神母伽价公主

苗族牯藏节的幡旗上绘制有多种图腾图案

牯藏节是苗族最隆重的民间祭祀活动，有定期和不定期的大小牯之分，定期的大牯 13 年才举行一次，其重要内容就是杀牛祭祖，通常一次要杀几十上百头牛。

神农时代，只有西方恩国有谷种，神农便张榜布告天下："谁能去恩国把谷种取回来，我愿把亲生女儿伽价公主许配给他。"

伽价公主是神农七个女儿中长得最美的一个。恩国路途遥远，许多人说：去了就回不来了，即使回得来，也是七老八十的人啦，哪里还能配到伽价公主？所以没人来揭黄榜。神农很失望。

这时，恰好有只黄狗叼着榜文进宫来，神农一看，原来是宫中的御犬翼洛。神农问道："你能去恩国取谷种吗？"翼洛点头摇尾，表示能去。

第二天天一亮，翼洛就出发了，它跋山涉水，经历千辛万苦，终于到了恩国。那时秋收已过，恩国皇仓里堆着金黄的稻谷。翼洛爬进仓去，滚了又滚，沾了一身稻谷，爬出来就往回跑。不过它还是被发现了，恩国国王骑马追了上来。国王的马跑得很快，翼洛眼看要被抓住了，它猛回头一蹦，跳上马去，一口把国王咬死了。这样，没人再敢追来，翼洛安全回到家里。

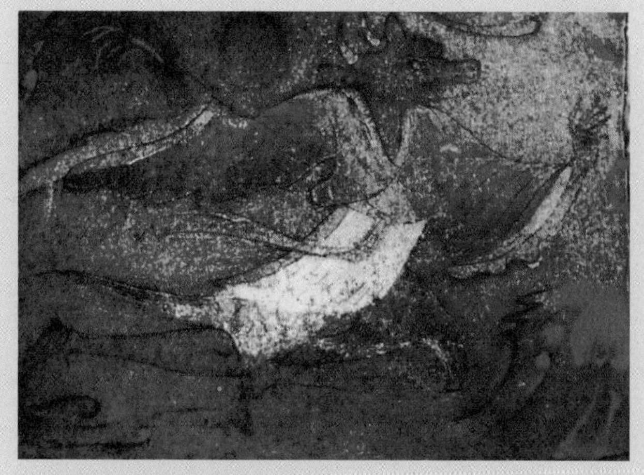
吉林集安高句丽古墓壁画中的神农氏就是一只犬的形象，为中华民族的同源说提供了又一个证明

神农履行诺言，把伽价公主嫁给了翼洛。结婚没有多久，公主生下一个大血球。神农听了，怒气冲冲地跑来一剑剖开，从里面跳出七个兄弟和七个姐妹来。弟兄七个慢慢长大成人，勤劳勇敢，武艺超群。他们经常上山打猎，翼洛总是跟随着，出去走在前，回来走在后。他们猎获很多，肉吃不完，皮穿不尽。

有一次，七兄弟带翼洛去打猎，有只水牛在一旁哈哈大笑，上门牙都笑掉了。七兄弟很奇怪，问水牛笑什么。水牛说："笑你们呀！"七兄弟还是不解："笑我们做什么？""笑你们不认识自己的老子。"水牛指指翼洛说："它就是你们的

不同支系的苗族女子

据说苗族有200多种不同类型的服饰。由于历史原因，苗族没有文字，他们把祖先的故事、民族的历史和文化传统等一针一线缝进衣冠里。苗族服饰图案有表意和识别族类、支系及语言的重要作用，因此被称为"穿在身上的史书"。

吹芦笙

芦笙是苗族代表性的传统乐器，也是苗族历史文化的象征，祭祀、节日和喜庆活动、迎送宾客甚至谈情说爱，都离不开芦笙。

老子嘛！”七兄弟不信，就问翼洛。翼洛点点头，摇摇尾，表示肯定。七兄弟很生气，气的是狗都想做他们的阿爸！一怒之下，七个人抽出七把铜剑，把翼洛杀了。

这一天，七个兄弟没猎得野物，空手回家。伽价公主没见翼洛回来，就问：“翼洛呢?”七兄弟说：“水牛说它是我们的阿爸，我们一生气就把它杀了。”公主听了，气昏过去，七个姐妹也哭成一团。一会儿，公主醒来，大骂七个兄弟：“翼洛就是你们的阿爸呀，你们连老子都杀了，还成什么人!”

伽价公主要杀了七弟兄，他们苦苦哀求，人们也来说情，公主就是不依。最后神农来了，他亲口传旨：“七兄弟无知误杀，免于死罪；水牛不该多嘴多舌，罚它世代为人犁田耕地，今后还要杀来祭祖。”

后来，伽价公主死了，七兄弟和七姐妹商议，尊封阿妈伽价为“奶妫(guī)”，阿爸翼洛为“马勾”，并杀水牛祭奠。苗语“奶妫马勾”就是“神母狗父”。

此后，每年秋天，兄弟姐妹都要杀水牛祭奠一次“神母狗父”。这个祭祀活动代代相传，成为风俗。

>>>阅读指南

熊玉有：《苗族文化史》。云南民族出版社，2003年11月。

安丽哲：《符号·性别·遗产：苗族服饰的艺术人类学研究》。知识产权出版社，2010年6月。

>>>寻踪觅迹

湖南麻阳苗族自治县　盘瓠文化源远流长，盘瓠庙宇、碑刻、图腾、祭物保留完好，盘瓠传说、遗风、崇拜、祭祀活动丰富多彩。

湖南泸溪县　盘瓠文化的发祥地之一，遗存有众多盘瓠文化遗迹与事象。

20. 水仙姑惹祸造人

聚居在广西金秀县的五个瑶族支系：山子瑶（女左一）、茶山瑶（女左二）、花篮瑶（女右一）、坳瑶（女右二）、盘瑶（女右三）

早先，天很矮，地面上的人沿着大树往上爬，很容易就可以爬到天上去玩。那时候，掌管天水的是瑶族的一位先祖水仙姑，掌管天神的玉帝叫她隔不久放一点水到地上去，给地面上的人吃用和种庄稼。

一天，水仙姑刚把天塘的流水口打开，地上的一个小伙子就沿着一棵大树爬到天上来玩。她见小伙子长得既英俊又健壮，立即产生了爱慕之情。小伙子也很喜欢她，两个人便对起歌来。唱啊唱啊，他们把周围的一切事情都忘了。太阳快落山时，小伙子觉得肚子饿了，该回家吃晚饭了，水仙姑依依不舍地送他到天门。她低头向下望，吓了一大跳，原来下面的地全被大水淹没了！这时她才想起自己只顾唱歌，忘记堵天塘的流水口了。

小伙子回到地面是不可能了，水仙姑赶紧堵上天塘的流水口，然后去见玉帝。玉帝暴跳如雷："除非你们把地上的一切生命都恢复过来，不然我绝不轻饶！"水仙姑吓得脸都青了，她拉着小伙子逃跑了。水仙姑的父亲原先很生她的气，埋怨她不该贪玩误事，闯了大祸，但女儿终究是自己的心头肉，于是他找啊找，终于在月宫的桂花树下找到了正依偎在一起谈情说爱的水仙姑和小伙子。

水仙姑的父母见女儿不但没有饿死，

>>>小贴士

抛花包　云南富宁县瑶族男女青年的一种娱乐形式。花包用红、黄、蓝、白四色布拼缝而成，内装玉米。活动人数不限，男女各为一方，每人都握两个花包，距离约一丈（三米），左手接来右手抛去，男女对掷，往复循环，一时满场彩花飞舞。

身旁还有一个年轻英俊的小伙子，立刻转怒为喜。他们对小伙子说："我们以为地上的人全被淹死了，想不到还剩下你一个。这下好了！你把水仙姑带回去吧。给你们60千克谷种和60千克芝麻种，你们拿到各地去撒，撒一把，就吐一泡口水，地上的一切生物就可以重新恢复了。"小伙子听了，拉着水仙姑的手，欢欢喜喜地回到了大水刚刚消退的地面上。他们分头播撒谷种和芝麻种，转眼间，小伙子撒的谷种变成了男人，撒的芝麻种变成了各种各样的雄性动物；水仙姑撒的谷种变成了女人，撒的芝麻种变成了各种各样的雌性动物。

穿着民族服装参加2010年世界瑶族公主大赛总决赛的瑶族女子

大地上一切生命又都恢复了。玉帝见万物茂盛，人丁兴旺，也就原谅了水仙姑。玉帝怕地上的人再上天来找麻烦，便把天升得高高的，也不准水仙姑和小伙子再下到凡间去了。

真是歪打正着，水仙姑惹祸却造出了人！

瑶族耍歌堂
广东连南县排瑶最隆重的传统节日，是纪念祖先、庆丰收、会亲结友和青年男女谈情说爱的盛会。耍歌堂时间在农历十月十六，分大歌堂和小歌堂。大歌堂历时三天，每十年举行一次；小歌堂历时一天，三年五载举行一次。

>>>阅读指南

刘保元：《瑶族风俗志》。中央民族大学出版社，2007年6月。

邓群、盘福东：《瑶族文明发展历程》。广西人民出版社。2008年9月。

>>>寻踪觅迹

广东连南瑶族自治县 中国最大的排瑶聚居地，水仙姑的神话就流传在这里。瑶族居住面积占全县的80%，有"百里瑶山"之称。

21. 人祖利恩

纳西族神庙中供奉的祖先利恩

纳西族的神话多记载在他们的宗教经典《东巴经》里。他们讲述的人类起源故事也奇诡独特。

英格阿格真神下了一枚白蛋，白蛋孵白鸡，白鸡孵出九位兄弟和七位姐妹，九兄弟开天，七姐妹辟地。天地分开后，天气与地气交合生白露，白露生大海，大海中生恨古。恨古传了几代后又生出五兄弟和六姐妹，其中最小的一个弟弟叫利恩。

五个兄弟和六个姐妹结婚了，这亵渎了天地和星辰，恶神大怒，发誓要消灭这些人。在恶神的威力下，山崩了，海也沸了，除了利恩逃到深山的松林中躲藏起来外，其他几个兄弟姐妹都饿死了。

深山中的飞禽、走兽、树木等也都因恶神的作祟逐渐死了。利恩在绝望之际，忽然遇到了一位天神，他向天神求救。天神叫他猎捕一头白蹄的牛，用牛皮做成革囊，囊上缀九根长线，其中三根系在柏树上，三根系在杉树上，三根系于空中。天神又拿来几件实物，有十样谷种以及金色的山羊、小狗和公鸡等，叫利恩藏在皮囊中，说是可以避难。

三天后，利恩刚刚做好皮囊，就被恶神发现了。恶神用雷劈他，顿时火光大作，山崩水沸。利恩被炸到半空中，

>>>小贴士

纳西古乐 由白沙细乐、洞经音乐和皇经音乐（已失传）组成，融入了道教法事音乐、儒教典礼音乐，甚至唐宋元的词、曲牌音乐，被誉为“音乐化石”。古老的乐曲、古老的演奏乐器和高寿艺人（演奏者多为老年人）融为一体，可谓稀世“三宝”。

纳西人供奉的祖先：藏族、白族、纳西族三兄弟

幸亏有皮囊保护着，没有丧命。

利恩在空中飘荡了七个月之久，最后落在一个高崖上。他用刀割破皮囊，放出小鸡、小羊、小狗等。举目四望，茫茫大地，左无驮运之兽，右无耕稼之人，山高谷深，小羊饥肠辘辘，小鸡、小狗也在岩间悲啼，好像在诉说痛苦。

利恩在山谷中种下了皮囊中的谷种，闲暇时猎捕野兽为生。几个月后，他深感一个人太寂寞了，便又找到天神。天神告诉他在美双星岩上住着一对天女，一美一善，并劝他娶善良的天女做妻子。

利恩来到美双星岩，果然看见两个仙女在那里嬉戏，一个很善良，但是长相一般，另一个却有一双勾人的媚眼。利恩想：身巧不如心巧，心巧不如貌巧，貌巧不如眼巧，于是违背了天神的训诫，娶了那个美丽而诡诈的仙女。

利恩结婚后，仙女一连生了四胎，头一胎生出松和板栗，第二胎生出蛇和蛙，第三胎生出熊和猪，第四胎生出猴和鸡。利恩见妻子一连生了许多怪胎，心中郁郁不乐，便又找到天神，天神怪他不听话。利恩苦苦哀求，天神便令他再到美双星岩把那个善良的仙女娶回去。利恩便捉了一只白鸽，骑着飞到美双星岩。

>>>阅读指南

史绩武等：《创世纪——云南民族民间文学典藏·纳西族》。云南人民出版社，2009年4月。

木丽春：《纳西族民间故事集》。云南人民出版社，2007年9月。

云南丽江东巴万神园木雕

万神园内有300多尊神情庄严、形态怪异奇特的木雕神祇以及精灵、木牌画、图腾柱等，表现了纳西族先民朴素的哲学理念，是纳西文化立体化、形象化的展示。

但善良仙女的父亲知劳天神却对女儿说："夜间羊惊，早上狗叫，一定有歹人要来，赶快磨刀戒备。"善良仙女却说："来的人一定是个有能耐的，父亲何不见见他？"知劳天神便命她把客人请进来。

纳西族妇女服饰上的七星披肩

上面的七个圆形刺绣（或七个小圆片），分别代表日月和七颗星星，象征纳西族妇女"肩担日月、背负繁星"劳作之美德，颂扬日月星辰给人间带来的光明与温暖。

善良仙女出门，果然看见利恩远远越过九刀搭成的桥而来，便带他拜见知劳天神。知劳天神见利恩途经刀桥，除手心和脚心受伤外，全身其他地方毫无伤痕，不禁大喜，就取来九河的水，让他洗净污垢，拿九饼膏油让他涂擦光滑。

利恩和善良仙女结婚后，生了三个儿子，可他们到了6岁都不会说话，善良仙女便叫蝙蝠使者去问父亲。知劳天神说："你们只知道享受万物，而不想有利于万物。"利恩夫妇听了，每年祭天两次，以表示对万物的感谢。

之后的一天，三个孩子忽然都会说话了，但是三个人的声音完全不同，他们分别成为藏族、纳西族和白族的祖先。

人祖利恩的神话留下了中华民族同种同源的记忆。

摩梭姑娘

>>>寻踪觅迹

泸沽湖 位于云南宁蒗县和四川盐源县交界的万山丛中，湖畔世居的摩梭人是纳西族的一支，他们是目前世界上为数不多的还保存有母系氏族社会特征的人群之一，有"神秘东方女儿国"之称。

云南丽江古城 纳西族聚居地，世界文化遗产。始建于宋末元初，现保持大片明清建筑，在"家家门前绕水流，户户屋后垂杨柳"的诗画图景中尽展纳西族风情。

22. 伏依兄妹造新世界

在哈尼族中也流传着洪水神话。很久以前，地上发了一场罕见的大洪水，人和动物都被淹死了，只有伏依兄妹两个躲进大葫芦里逃过了劫难。水退了，伏依兄妹藏身的葫芦也落到了地上。由于葫芦有弹性，所以没摔烂。

哈尼族传统民居蘑菇房

形如其名，与巍峨的山峰，迷人的云海，多姿的梯田，构成了奇妙的哈尼山乡美景。

兄妹俩在大地上走来走去，遇到一只乌龟。乌龟说："天下没有什么人了，你们兄妹就结婚再造新世界吧！"伏依兄妹说："兄妹怎么能结婚呢？如果我们把你打死，你能再活过来，我们就结婚。"说完，就将乌龟打死了。正当他们要走开时，乌龟真的又活过来，哈哈笑着爬走了。

>>>小贴士

十月年和长龙宴 哈尼族的最大节日是"十月年"，节期六天左右。按哈尼族的历法，十月是岁首。节日期间，每个寨子都要在寨中心摆上长长的酒宴，各户人家把方桌抬到街心，一张接一张摆好，把自家的拿手好菜和美酒摆上桌。全村男女老少自愿组合就座，共饮同乐。百来张桌子连成一百多米，恰似一条长龙，故称"长龙宴"；因设在街心，又称为"街心酒"。

伏依兄妹往前走，突然，一株竹子对他们叩头弯腰说起话来："地上没有人了，你们结婚吧！"伏依兄妹说："兄妹怎么能结婚？如果我们把你砍断了，你能再活过来，我们就结婚。"说完，就把竹子砍成一节一节的。当他们要走开时，竹子又一节一节连起来长活了，向他们叩头弯腰地笑着。

伏依兄妹到处见不到人，伤心得抱头大哭。哭声惊动了天上的启明星——

哈尼族铓鼓舞

哈尼族舞蹈多与铓鼓有关，有的用铓鼓伴奏，有的直接用铓鼓做道具，边敲边舞。铓鼓里放有五谷及象征人丁兴旺的青草。每逢祭祀、庆典等重大场合，都能见到粗犷雄浑的铓鼓舞。

他们的父亲布伯的灵魂。启明星从云中探出头来对他们说：“世间的人都死光了，你们兄妹结婚再造新世界吧！”伏依兄妹说：“哪有兄妹结婚的道理！”启明星说：“这样吧，你们分别到东西两个山头去，各点燃一堆烟火，如果两股烟能合拢在一起，你们就可以结婚了。”

伏依兄妹听了启明星的话，分别到东西两个山头，各自燃起一堆烟火。两股烟直冲云霄，到了云端之后，就和天上的云彩混合了起来，云彩一飘动，两股烟就合拢在一起了。启明星满意地哈哈大笑起来。

伏依兄妹只好结婚了，不久就生下一个肉团团，没有眼、没有嘴、没有手、没有脚，不知是鬼还是怪。伏依兄妹用刀把肉团团砍碎，往山下一撒，就变成了许多人。人类就这样繁衍下来了。

哈尼族服饰多姿多彩，承载着极其丰富的文化信息，是展示和追忆祖先迁徙历史、英雄业绩等的物态载体

>>>阅读指南

谢伟、李洪武、梁荔、刘军：《家园耕梦——哀牢腹地哈尼人》。云南美术出版社，2006 年 3 月。

陈永邺：《欢腾的圣宴——哈尼族长街宴研究》。云南大学出版社，2009年 4 月。

>>>寻踪觅迹

云南绿春县 有“哈尼山乡”之称，至今完整地保留着哭嫁等许多浓郁的民族传统文化。每年 10 月哈尼族十月年（新年）的长街宴被誉为“世界上最长的宴席”。

云南红河县 哈尼族聚居地之一，有美丽的亚热带风光和浓郁的哈尼族风情。

23. 以茶叶为祖的德昂族

德昂族女人

其腰部的腰箍可达数个甚至数十个，腰箍用藤篾、银丝等制作，有的还刻上花纹或包上银皮、铝皮。它是唐代德昂先民茫人部落“藤篾缠腰”习俗的遗存，其来历与德昂族的祖先传说有关，同时也是德昂人的爱情信物。

茶叶是德昂族的命脉，有德昂人的地方就有茶山，神奇的《古歌》代代相传，德昂人身上飘着茶叶的清香。

当大地混沌一片时，天上却美丽无比，到处都是茂盛的茶树。茶叶是万物的阿祖，天上的日月星辰，都是由茶叶的精灵化出来的。这些茶叶精灵看到大地上凄凉，就问万能之神帕达然：“我们为什么不能到地上生长?”帕达然回答：“天下一切都黑暗，到处都是灾难，下凡要受尽苦楚，永远也不能再回到天上。”茶树为了大地常青，愿意到地上受苦。帕达然也想开创繁华的世界，试了老茶树又试了小茶树，见它们都愿下凡，于是万能之神掀起狂风，撕碎小茶树的身子，使102片叶子飘然下凡。

这些叶子在狂风中发生了奇妙的变化，竟然变成了男人和女人。单数叶子变成51个精悍的小伙子，双数叶子化为25对半美丽的姑娘。当时大地有红、白、黑、黄四大妖魔横行，茶叶与四魔斗争，打了九万年，终于将它们消灭了。茶叶众兄妹割下并搓碎自己的皮肉，使

>>>小贴士

浇花节　德昂族传统节日，也叫泼水节，在清明节后第七天举行。人们穿上盛装，给佛爷、佛像浇水，以示对祖先、恩人的怀念和敬重；为年过六旬的老人洗尘拜寿，表示对他们的感谢和祝愿；跳浇花舞，以鼓、铓、镲三种打击乐器伴奏，女子身背花篮，男子手持竹筒，作浇花状，表示男女双方相互泼水祝福。

浇花节上的德昂族女子

德昂族“阿索”神偶
云南民族博物馆藏。

它们变成大地上的花草树木，把自己鲜美的颜色洒给百花，自己只留下普通的颜色：碧绿的花托、嫩黄的花蕊和洁白的花瓣。它们还在大地上繁衍了人类。

德昂族把茶叶奉为祖先，是与德昂原始先民的生活分不开的。有四句诗说得很清楚：

茶叶是崩龙的命脉，
有崩龙的地方就有茶山，
神的传说流传到现在，
崩龙人的身上还飘着茶叶的芳香。

这个造人的传说真是富有诗意！

>>>阅读指南

刘达成：《德昂族》。云南民族出版社，2009年2月。

《德昂族社会历史调查》。民族出版社，2009年6月。

>>>寻踪觅迹

云南镇康县南伞镇 中国第二大德昂族聚居地，地处中缅交界，喀斯特地貌显著，14个世居少数民族大多是从原始社会一步跨入社会主义社会的，民族风情浓郁。

24. 牛皮袋与瓜里走出了傈僳族

云南怒江“石月亮”

它是一个巨大的大理岩溶蚀而成的穿洞，是全球傈僳族公认的发源地。在傈僳族古老的大洪水神话中，它就已经存在了，当地傈僳族称它为“亚哈巴”。

喜喝贴面酒，并用江沙埋情人来表达爱情的傈僳族，传说是从牛皮袋和瓜里走出来的。

远古的时候，大地上到处出水，人大多被淹死了，只剩下两个哥哥和一个妹妹。一天，菩萨下界对他们说：“今晚五更天，天上地下都要出水，把整个大地淹没。”菩萨杀了牛，为他们做了两个皮口袋，一只口袋能装两个人，另一只能装一个人——老大单独一只口袋。

菩萨对老大说：“鸡没有叫以前，你把牛皮袋套在身上，并且拴在一棵树上。”菩萨又对老二和妹妹说：“另一只口袋能

>>>阅读指南

《傈僳族简史》。民族出版社，2008 年 11 月。

云南省社会科学院：《三江腹地的傈僳文化王国——维西》。云南人民出版社，2005 年 12 月。

云南怒江傈僳族歌手

傈僳族喜爱唱歌对调，民歌“摆时”、“优叶”、“木刮”三大调有“峡谷天籁”的美誉。

等到鸡再叫三遍，洪水已经退了。

洪水淹过的大地一片精光，老大也不见了，兄妹俩难过得放声大哭，幸好菩萨给他们留了很多种子。兄妹俩漫无目的地走着。在路上，他们发现了一根金拐杖，便把它劈成两半，一人一根。后来，他们到了一条江边，决定哥哥往江的上游走，妹妹往下游走，并把所带的种子平分，约定在路上歇息时播种。他们历尽艰辛，只能吃草充饥。

转眼间过了一年，兄妹俩没找到一个人，在相遇的时候，他们诉说着各自

装你俩，再装一只公鸡、一条狗、一把刀和各种粮食种子。鸡没有叫以前，你们把口袋拴在一块大崖石上；公鸡叫两遍，你们将要升上天空九次、降下来七次，这时候，你们在口袋上开个洞，把狗放出去；等鸡叫三遍，再把洞开大一点，把鸡放出去；再等鸡叫三遍，你们就可以出去了。不过，你们出去后会很难过，但不要害怕。”

半夜里，果然发了洪水，拴在树上的老大给淹没了。待鸡叫两遍时，躲在另一个口袋里的兄妹在袋上开了个小洞，把狗放了出去，结果狗被洪水冲走了。鸡叫三遍时，他俩把口子再开大些，把公鸡放了出去，结果公鸡也被洪水冲走了。不过，还没有

跳嘎

傈僳族一种融歌舞为一体的传统舞蹈，男女老少在无伴奏领唱中围成圆圈手拉着手欢跳，动作虽然简单，气氛却很热烈。

云南维西傈僳族

的艰辛，决定再也不分开。他们打算回到原来的地方去生活。一路上，他们撒下的种子都成熟了，每走一程都有新谷米可以充饥。

有一天，兄妹俩遇到一个盘磨和两座山。他们想：“我们能不能做夫妻呢？”哥哥说：“把磨盘分开，我拿上扇，你拿下扇。我们各登上一个山头，让磨盘从山上滚下去，如果上扇落在下扇上，我们就按照天意做夫妻。”结果，从两座山上滚下的石磨合在了一起。接着，他们又遇到了菩萨。菩萨为他们准备了两口锅，按照先前的方式，一人一口，从山头上滚下，结果又合在了一起。

兄妹俩做了夫妻，可是过了很长日子还没有孩子。不过，他们种下的瓜长得非常好，一个月就长成房屋那么大。过了两年，瓜成熟了，经常从里面传出古怪的说话声和器乐声。他们向菩萨要了一把七尺长的神刀，想看看瓜里面究竟是什么。瓜被劈开了，里面有两个鬼，一个被劈死，一个逃跑了；瓜里还有人，怒族、独龙族、傈僳族、纳西族、白族、彝族……所有的兄弟民族都从瓜里出来，唱着歌回到发洪水之前的居住地去了。

傈僳族这个造人神话为中华民族是一家提供了一个美好的记忆。

>>>小贴士

缀满爱的头饰——俄勒　傈僳族已婚妇女喜欢头戴俄勒。它是用珊瑚、料珠、海贝、小铜珠编织成的帘式、半月形珠帽，源于古代的爱情传说。谈情说爱的傈僳族小伙子必定要做一顶俄勒送给心爱的姑娘作为定情之物，姑娘也要亲自织做一件长衫回赠意中人，这种习俗世代相袭至今。

>>>寻踪觅迹

石月亮景区　位于云南福贡县海拔约3300多米的高黎贡山峰巅，是傈僳族的寻根访祖之地。附近有以傈僳族为主的石月亮乡，所辖村寨依雪山、峡谷立体分布，风情独特。

25. 人从地洞里出来

视木鼓为最神圣、最尊贵之物的佤族，传说人是从地洞里出来的。出人的地洞叫养贺。开始时，人出来很少，过了许多年，才渐渐多起来，并且与豹子、野猪、水牛等生活在一起。最初大伙都吃草，四只脚的野兽想吃人，出坏主意说："两只脚的，我们讲好哪一个走起路来站着屙屎的，就吃哪个的肉，好不好？"人猜透了它们的恶意，就说："走着瞧嘛！"还没走上半天，野兽都站着屙屎，从那之后，人便吃野兽的肉了。

沧源崖画

分布在云南沧源县佤族聚居区内，内容反映了3000多年前新石器时代晚期先民狩猎、放牧、战争、舞蹈、杂技和宗教祭祀等活动，当地佤等民族视之为神圣之地。

不知过了多少年，人搬到了一个叫翁铺的地方，翁铺有一个大水潭，在那里发现了谷子。水潭很宽，于是，人叫大蛇游到水里去拖谷子，大家拉着蛇的尾巴，这样得到了许多谷子。

>>>小贴士

"司岗里"传说 在佤族地区普遍流传。佤族对"司岗里"有山洞、葫芦或孕育器等不同的解释，意即人类很早是从石洞或葫芦里出来的，最先出来的是佤族。这是佤族人对本民族古穴生活的一种集体记忆。

大家又离开水潭到了养片。人对野兽说："大家一起种谷子。"撒下谷种后，谷子果然长出来了，但草也和谷子一起长了出来。人说："要有得吃，就要把草拔掉。"野兽嫌麻烦，不想用力，所以仍然是野兽，仍然吃草和野果子；人和野兽一天天不同，既有力，又会说话，所以把谷子留到了今天。

又过了许多年，山上突然起火，人

佤族传统建筑以干栏式为主
云南沧源县翁丁佤寨是佤族传统习俗、信仰、民居、生产生活方式等保留较为完整的原始村落。

开始吃烧死的兽肉，学会了吃熟的食物，并留下了火种。之后又搬到养不累，和野兽分开居住。那时不知时辰，种谷子要碰到时候，碰不好便长不出来，大家因此都很着急。

一个仙人说："不要紧，小鸟'背'、'背'地叫时，你们快快挖地；鸟儿'咕咕'、'咕咕'叫时，赶快撒谷子。以后六个月下雨，六个月天晴，白天做活计，晚上睡觉，你们就不会误时候了。"

人在睡觉的时候，感到草像针一样扎人，于是大家便商量用草来盖房子。从此，人也有房子住了。

与祭祀相伴的木鼓舞是佤族重要的民间舞蹈

有一次，火忽然被大雨淋熄，再也找不到了，人便叫小鸟到天上去问雷。雷说："把藤子用力在木头上擦，火就会擦出来了。"后来人们缺火，就用这个办法取火种。

人从地洞里出来，这个造人说真是别有新意！

>>>阅读指南

毕登程、隋嘎：《司岗里（佤族创世史诗）》。云南人民出版社，2009年3月。

赵富荣：《中国佤族文化》。民族出版社，2005年3月。

>>>寻踪觅迹

云南沧源佤族自治县 俗称阿佤山区，是中国佤族文化的荟萃之地。每年4月25日的"中国沧源佤族司岗里狂欢节"俗称"摸你黑"。

26. 壮族伏依兄妹成婚记

姆六甲塑像
壮族另一个创世和造人造物女神，传说她是布洛陀的妻子，也有说她是布洛陀的母亲。

壮族有一个动人的中华民族同源的故事。从前，雷王管天上，布伯管人间。有一次雷王见人间丰收，就说他放雨水有功，要人间交租。布伯说可以，问雷王庄稼长起来后愿意要哪一头。雷王见稻谷长在上边，便说要上头。

第二年，布伯种了芋头，雷王来收租，只收到叶子。雷王不服，改说要下头。

来年，布伯又种了稻谷，雷王只收到稻根。雷王有点恼火，说：明年上边下边都归我。

这一年，布伯种的是玉米，雷王收租又落了空。雷王非常气恼，便把天池的闸门关上，从此天上一滴雨也不漏。人们没办法，就去找布伯。布伯带大家向雷王求雨，雷王反而更傲慢了。布伯用计擒住了雷王，把它关在谷仓里。他想把雷王杀掉，于是上街买盐，以便把雷王的肉腌好分给人们。临走时，他告诉孩子们，不准给雷王水喝。

雷王见布伯走了，就向孩子们要水喝，孩子们不给。雷王便伸出舌头抖气，每伸一次舌头，便出现一丝火光，这引起了孩子们的好奇，都围在谷仓外面看。正看得高兴，雷王突然不做了，对孩子们说：“我口渴，要有一口水喝，我才表

壮族“三月三”

壮族每年农历三月初三都要举行盛大的传统歌会，称为“歌圩”。男女青年通过对歌、抛绣球、碰彩蛋等进行交际、谈情、定情。

演给你们看。”孩子们到处找水都找不着，只有一只蓝靛缸里有点蓝靛水，就拿给雷王喝。雷王一喝，突然力气大增，身子一抖，谷仓破碎；翅膀一鼓风，风雨也来了，孩子们都吓哭了。雷王乘机逃跑了。

雷王回去后，就放下滔天洪水，要淹死天下凡人。雷王手持板斧，鼓动双翅向布伯冲来，想一斧把布伯劈死。布伯挥剑招架，把斧隔开，顺势一挥，把雷王的一只脚砍断了。雷王怕布伯冲到天门来，下令退水。水退了，但不幸的是，水退得又猛又急，布伯落到乱山石

>>>阅读指南

韦苏文、周燕屏：《千年流韵——中国壮族歌圩》。黑龙江人民出版社，2008年2月。

丘振声：《壮族图腾考》。广西人民出版社，2006年1月。

壮族的定情物——绣球

坡芽歌书

流传于云南富宁县壮族地区，是用图画文字记录的壮族民歌文献，承载着壮族儿女天籁般的情爱密码。

上撞死了。布伯的红心飞到天上，变成了启明星。地上只剩下布伯的一双儿女，躲在一个葫芦瓢里才幸免于难，他们就是伏依兄妹。

等到雨停水退，伏依兄妹从葫芦瓢里走出来，世界上已杳无人迹。一个仙人对他们说："这世界上已没有人了，你们结为夫妻吧，不然人类要灭种了。"他们没同意，因为过去听老人说过，亲兄妹不能结为夫妻。

伏依兄妹向前走去，一只乌鸦飞来，劝他们结为夫妻。他们很生气，砍下乌鸦的头说："如果你能活过来，我们就结为夫妻。"刚说完，乌鸦的头与身子又连在了一起，"呱呱"叫着飞走了。

伏依兄妹仍不肯结为夫妻，于是继续向前走，遇到了观音娘娘。观音娘娘劝他们结为夫妻，并说这是天意，他们不信。观音娘娘说："你们各去一个山头，各点燃一堆火，如果两股烟能合到一起，就说明天意要你们结为夫妻。"他们照做了，两股烟果真合在了一起，于是他们就结为夫妻了。后来，他们生下了一个怪胎，是一个肉团，他们很难过。观音娘娘让他们把肉团剁碎，撒向大地。肉团撒在山冈上，长出了瑶人；撒在平原上，长出了汉人；撒在山边和圩边，长出了壮人……

>>>寻踪觅迹

广西靖西县 壮族聚居地，也是孕育伏依神话的地方，有全国唯一的壮族博物馆和"绣球之乡"的美称。

27. 黎族南瓜的故事

海南三亚市亚龙湾广场黎族图腾柱

黎族的图腾崇拜与生产、生活有密切关系，主要以动植物为主，动物有蛇、龙、鸟、狗、蛙、牛、猫等，植物有葫芦、水稻、榕树、木棉等。

南瓜对黎族有特别的意义。传说在远古的时候，有两个兄弟，哥哥叫老当，弟弟叫老定。说来也怪，两兄弟的妻子都怀孕三年了，还没把小孩生下来，急得他们到处寻方问药，也没结果。

有一天，一位生得浓眉大眼、白发银须的老人，自称是从五指山来。老人对老当和老定说："要生下孩子也不难。只要在门前种一株南瓜，等南瓜开花结果，孩子就生下来了。"

老当和老定按照老人的话种下了一株南瓜苗，天天浇水施肥。当南瓜藤长到一万丈时，才开出一朵花，兄弟俩喜出望外，日夜轮流护卫。南瓜花开了百日才开始结果，就在那一天，老当和老定的妻子都安然无恙地把孩子生了下来。哥哥家的是男孩，取名叫老先；弟弟家的是女孩，取名叫荷发。

为了感谢老人的恩情，老当和老定更加辛勤地为南瓜浇水施肥。又 100 天

黎族打碗舞是专门为孩子跳的祝福舞蹈

黎族“三月三”

黎族最盛大的传统节日，因其来历和主要活动内容都与婚恋有关，也称为爱情节。海南五指山市每年都要举行盛大的黎、苗族“三月三”歌舞节。

后，南瓜长得像一座房子那么大了。这时，天上开始下大雨，一下就是十年，大水淹没了整个大地。幸亏老当和老定事先在南瓜上挖了一个洞，把老先和荷发兄妹放进南瓜肚里，还把牛、马、猪、狗、猫、鸡等动物也一起赶进去。老鼠趁着混乱，也偷偷地溜了进去。老当和老定怕大水冲进南瓜肚内，就用蜂蜡密封了南瓜洞口，所以，现在的南瓜皮呈黄蜡色，而且很光滑。

>>>小贴士

黎族妇女的文身习俗 一般从十二三岁开始至婚前陆续完成。文身工具是植物刺针、小竹木棒和植物染料。文身部位主要是脸、颈、胸和四肢等处。因没有文字记载，无法确知文身习俗产生、发展及沿袭的原因，民间有一种传说说是与荷发兄妹结婚有关。文身习俗目前已基本消失。

没过多久，大水淹来，大地上的一切动物都被大水冲走了，大南瓜也随波逐流漂浮不定。住在南瓜肚内的老先和荷发靠吃南瓜肉长大，牛、马、猪、狗、猫、鸡和老鼠也靠吃南瓜肉生存下来。

十年后，大雨停了，大水慢慢退向大海，大南瓜却被挂在五指山的顶峰上。紧接着是五年干旱，日头晒得大地像五指一样裂开，所以留下了今天的高山和峡谷。

南瓜壳像铁一样坚硬，顶住了大水的冲击和日头的暴晒。南瓜肚内的老先和荷发都长大了，兄妹俩想了解外界是个什么样子，但没有洞口可以出去。他们命令马去挖洞，马用两只角去撞南瓜

吹鼻箫

用鼻子吹奏的鼻箫是黎族最具特色的传统乐器，也是黎族青年表达爱情时常用的乐器，已有上千年的历史。

壳，结果两只角撞掉了，洞还没有挖通。他们又让牛去打洞，牛用牙齿咬南瓜壳，结果把上牙都咬掉了，洞仍没挖通。他们再叫猪去挖洞，猪用尖尖的嘴巴去捅南瓜壳，结果嘴巴都磨平了，洞还是没有挖开。最后，兄妹俩派老鼠去挖洞，老鼠用两颗锋利的门牙去挖，终于把南瓜壳给挖通了。老先和荷发让公鸡先出去。公鸡走出南瓜洞，看见太阳照亮的大地像一片白银，就高兴地拍着翅膀，“喔喔”地大声叫起来，向南瓜洞内报告，说世间天地是个好地方。

老先和荷发听见公鸡报告外界平安无事，就骑着马、牵着牛、赶着猪、叫狗喊猫走出洞口。他们定居在海南岛的五指山上。由于山顶离太阳很近，天气酷热，他们就在山上挖了五口水井。他们天天打水洗澡，泼出来的水就变成了今天的五条河。他们用椰树和椰叶盖起一间大房子。山上蚂蟥多，老先用沉香木做了两层的架床，荷发巧手编织了两张草席，老先睡下层，荷发睡在上层。日子久了，南风把老先的阳气吹进睡在上层的荷发体内，荷发就怀孕了。

荷发怀孕的事传到天神那里，天神

>>>阅读指南

王海、江冰：《从远古走向现代——黎族文化与黎族文学》。华南理工大学出版社，2004年12月。

方鹏：《文面黎女——海南岛黎族妇女文面的文化考察》。广西人民出版社，2006年9月。

黎族竹竿舞

原是一种古老的祭祀仪式，如今演变为一种带有民族文化色彩的体育健身活动，也是青年男女交往的“鹊桥”。

棉布包起一块肉团，放在木板上，从南渡江上游漂流下去。十个月后，第一块肉团变成了汉人，所以汉人从祖先起就穿有棉布了。

荷发又用剩下的四小块棉布包起另一块肉团，放在山葵叶上，从万泉河上游漂流下去。也是十个月后，第二块肉团变成了苗人，所以今天苗族妇女的裙子是用四块布条做成的。

荷发在包最后一块肉团时，用的是麻布，放在椰子叶上，从昌化江上游漂流下去。也是十个月后，第三块肉团变成了黎人，所以黎族妇女自古以来就会编织麻布，制成衣裙。

光阴过了99年，老先和荷发已是白发苍苍的老人了。在一个月落日出的时辰，两兄妹被地神招进地府，当上了土地公和土地婆，专门掌管海南岛上人间世事的福祸苦乐。

南瓜的故事向人们传递了中华民族的认同意识。

以为是兄妹通奸，就派乌鸦向天帝报案。天帝听了很生气，立即派雷公下凡来调查。雷公到了人间，看见荷发挺着大肚子，又查实兄妹同睡一间房，只是上下两层床架之分，不由得大怒，要用雷电劈死老先和荷发。幸得地神出来说情，他说海南岛大地没有人烟，保了老先和荷发做人种。

雷公为了禁止人间兄妹通婚，就用雷电劈开石头、劈倒大树做记号，说：如果有兄妹通婚之事，就用雷鸣电闪来报复，被劈的石头和大树就是榜样！

荷发怀孕三年才分娩，生下一团肉包。她用一块棉花和一块麻布把肉包包起来，放在神案前。经过七天七夜，打开包层，看见那团肉包有了生机。老先就用刀子把肉包分为三份。荷发用大片

>>>寻踪觅迹

海南五指山市　黎族主要聚居地，有独特的热带自然景观，有民族博物馆，有古朴的黎寨、绚丽的黎锦以及每年盛大的黎族、苗族“三月三”歌舞节。

28. 洪水和怒族搭箭射桩

怒族祖先创作的匹河岩画

古时候洪水泛滥的传说也在怒族中广为流传。传说天神看到大地上荒无人烟，就派还没有成年的腊普和亚妞兄妹俩来到人间，繁衍人类。哥哥腊普很有本事，他力大无比，特别擅长弩弓，百发百中，飞禽走兽很难逃脱他的手。妹妹亚妞是个善良勤劳的姑娘。当时大地上没有房子，兄妹俩就住在岩洞里，没有吃的，就去采野果、猎禽兽。

>>>小贴士

怒族仙女节 又叫鲜花节，农历三月十五日举行，延续三天，包括祭祀仙女洞、歌舞求福、体育竞技等活动。

兄妹俩长大成人了，腊普对亚妞说："现在大地上只有我们，如果不结为夫妻生

著名的怒江第一湾附近生活的大部分是怒族人

怒族人生活的地方谷深水急，溜索是怒族与周围兄弟民族古老的渡江工具

儿育女，人类就要绝灭。为了繁衍后代，我们应该结为夫妻。”亚妞听了很是害羞，说：“世上哪有兄妹结为夫妻的道理呢？”

“兄妹结为夫妻虽然不合情理，但你想一想，当洪水把人类都淹死之后，天神才派我们来到大地上，就是要我俩结为夫妻，生育下一代，使人类不至于灭绝呀！”腊普劝着亚妞。

亚妞听了，心里想：“是呀，不然天神派我们兄妹来到地上干什么？但是，我俩成亲，既无人证，又无物证，这可怎么办呢？”她想了一阵，然后说：“我们就是要成亲，也没有东西做凭证啊。要不，你拿弩弓射织布架的四根桩，如果四箭都射中了，我俩就结为夫妻。”腊普答应了。他拉弩搭箭，“铛”的一声，不偏不倚正中织布架桩的中央，连射四箭都是这样。于是，他们就结成了夫妻。

几年过去了，腊普和亚妞生育了七个子女。这些孩子长大后，有的是兄妹结为夫妻，有的是跟会说话的蛇、蜂、鱼、虎交配，繁育下一代。后来人类逐渐发展起来，就把一个始祖所传的后裔称为某某氏族，如与蛇所生的为蛇氏族，与蜂所生的为蜂氏族，与鱼所生的为鱼氏族，与虎所生的为虎氏族。每一个氏族都有一个共同的图腾崇拜，蛇氏族崇拜蛇，蜂氏族崇拜蜂，虎氏族崇拜虎……

>>>阅读指南

攸延春：《怒族文学简史》。云南民族出版社，2003年12月。

杨丽春：《怒族》。新疆美术摄影出版社，2010年3月。

>>>寻踪觅迹

匹河怒族自治乡 在云南福贡县。这里地处“三江并流区”的怒江大峡谷腹地，雄、奇、险、峻、秀的自然风光和古朴浓郁的民族风情以及多样的生物，构成一幅人与自然亲合美妙的画卷。

29. “大象的儿子”独龙族

物各有主、路不拾遗的独龙人认为自己是大象的儿子。传说有一只大象沿着独龙江两岸来回徘徊。有一个名叫妮泰的美丽姑娘，到很远的地方去采竹笋，采呀采呀，累得口干舌燥，就去找水喝。她找来找去都没有水，最后找到象的脚印中有一窝水，就捧来喝个痛快，可从此感到身子一天比一天不舒服。五个月后，她竟然生下了一个儿子，她不管人们的议论，给儿子取名叫马葛棒。

20世纪 50 年代之前，独龙族妇女有文面的习俗，这给她们蒙上了一层神秘的面纱

马葛棒刚生下来一天，就能吃一碗饭，两天就会说话，三天就会走路，四天就会跑，五天就长得跟大人一样，会砍柴，会打猎。马葛棒一天天长大，他下定决心去找阿爸。

一天夜里，马葛棒趁阿妈睡熟了，悄悄约了三个好朋友出发了。他们沿着大象的脚印，穿过树林，翻过高山，不知走了多少路程。一天，他们被一座悬崖挡住了，悬崖的山洞里住着吃人的魔鬼。马葛棒机智地夺了魔鬼手中一头对死、一头对生的“生死扁担”，把对死的一头对着魔鬼一瞄，魔鬼马上七窍流血死了。

战胜魔鬼，他们继续往前走，来到了一个山水秀丽的小坝子，坝子中间有一个村寨。村寨里走出来一个姑娘，长得很美丽，可穿戴却十分肮脏。马葛棒得知这个村寨的人洗衣服把污水倒进河里，惹怒了河龙，河龙就把村里人都吞吃了，只有姑娘一个人常年不敢洗衣服，才生存下来。马葛棒降伏了河龙，并把一个伙伴留下来与姑娘结婚。

>>>阅读指南

李金明：《独龙族文学简史》。云南民族出版社，2004 年 3 月。

王忠华：《独龙族》。吉林文史出版社，2010 年 1 月。

卡雀哇节

独龙族的新年和唯一的传统节日，过去日子不固定，一般在每年农历腊月底或次年的正月初，现定为1月10日。节日中最隆重的仪式就是剽牛祭天。

当马葛棒醒来时，一群大象正围在他的身旁。马葛棒便叫喊：“阿爸，阿爸！”有一头老象欣喜若狂地用鼻子亲着马葛棒，说：“我的好儿子！”老象把马葛棒领到家，对他说：“好孩子，你来得正好。阿爸现在老了，再过三天就要死了。我死之后，没有什么留给你，你把这对牙拿去吧！记住，拿一支卖了把我葬掉，另一支你拿回去，也许对你会有好处。”

三天后，老象真的死了。马葛棒带着阿爸遗留的象牙上路回家。他用象牙把拦道的毒蛇劈死，把扑来的猛兽赶跑……

一天，太阳快落山时，马葛棒来到海边，决定在海边过夜。他把象牙放在身旁的鹅卵石上，假装睡着了。不一会儿，象牙里走出一个美丽的姑娘。她正蹲下摆饭菜的时候，马葛棒把象牙丢入海中。他拉着姑娘的手说：“我们在一起，生生死死永不分离。”于是二人幸福地生活在一起，繁衍后代。

马葛棒与两个同伴继续走，来到了一座银桥边。守桥的卫士一个个青面獠牙，不准他们过桥。要过桥每人得出三两银子，如果拿不出银子，就要留下一个人作抵押。马葛棒说服一个同伴留下后，来到了一座金桥边，又遇到了和前面一样的情况。马葛棒只得忍痛把最后一个同伴也留下了。

马葛棒过了金桥，单独一人继续赶路。他走了很久，穿的衣服破烂了，带的食物吃完了，一身的力气也使完了，他昏倒在地上……

独龙人喝同心酒

>>>寻踪觅迹

云南贡山县独龙江乡　中国独龙族的唯一聚居地，处于著名的“三江并流”风景区内，山高坡陡，沟谷纵横，原始森林密布，有“动植物基因库”之称。

30. 雷公与伏羲兄妹

依饭节

仫佬族最隆重的节日，也是敬奉、纪念仫佬族始祖——管天氓主依饭公爷和其他 36 位有恩于仫佬人的神灵的一种民俗活动。节期三至五天，各村寨于农历十月择吉日举行。

在给牛过生日的仫佬族中也流传着伏羲兄妹的故事。相传在很久以前，山里住着伏羲四兄妹和他们的老母亲。伏羲和妹妹长得五官端正，心地善良；两个哥哥却一个独眼，一个跛脚，生性残暴凶恶，好吃懒做。两个哥哥对母亲不孝，被雷公劈打，结果雷公反被他们抓起来关在谷仓里。干燥和饥饿使雷公非常难受。两个哥哥决定吃雷公的肉，于是上街去买配料。他们交代伏羲和妹妹看好雷公，不要给他东西吃。

伏羲兄妹见雷公确实可怜，就拿水给他喝。雷公喝了水，顿时力气大增，打烂谷仓跳了出去。上天前，雷公将自己的一颗牙齿交给伏羲和妹妹，嘱咐他们将牙齿种在地里，以后会长出葫芦，遇到水灾只要待在葫芦中就会得救。由于放走了雷公，伏羲和妹妹遭到两个哥哥一顿毒打，并被赶出了家门。

伏羲兄妹按照雷公的交代，把雷公牙种在地里并精心护理。不久，地上就长出了葫芦，而且很快就结了一个很大

>>>小贴士

走坡节 仫佬族传统节日，于农历正月和八月举行，节期三五天不等，现定为农历八月十五日。节日期间，仫佬人少则几十人，多的几百上千人，聚集在山清水秀的山坡上唱起山歌，以歌会友，以歌传情，以歌为媒，谈情说爱。年轻人找到满意恋爱对象后，就互赠信物，然后托媒人前往女方家提亲。

竹球是仫佬族民间流行的一项传统体育运动

的葫芦瓜。瓜长大后，发生了一场大洪水。水淹天门，天下的人都被淹死了，只有伏羲兄妹俩躲藏在葫芦里得救了。

洪水退后，世上了无人迹。伏羲兄妹到处乱走，遇到了一只金龟。金龟说："天下已没有人了，你们兄妹结婚好了。"妹妹不肯，要求哥哥绕山道追赶她，正面赶上才能结婚。伏羲赶来赶去，仍然赶不上妹妹。金龟告诉哥哥："你回过头来赶，就可正面赶上了。"伏羲照金龟说

仫佬族崇拜的白马娘娘塑像及其他神灵面具

的办，就赶上了妹妹，兄妹正式成婚。

婚后不久，妹妹生下一个肉团。他们非常生气，用刀把肉团砍成肉末，撒向高山、沟底、平地、林中，没想到这些肉末竟然变成了许多人。

为了纪念这两位人类的祖先——伏羲兄妹，仫佬族村村寨寨都立庙塑像，称他们为人伦之神，世代祭祀。

>>>阅读指南

王骞：《仫佬族》。新疆美术摄影出版社，2010年3月。

何述强：《凤兮仫佬》。广西民族出版社，2010年10月。

>>>寻踪觅迹

古砦(zhài)仫佬族乡 位于广西柳城县，居住着仫佬、壮、汉等十多个民族，有美丽的乡村风光。

31. 盘兄与古妹

善养菜牛的毛南族与汉、壮等民族一样流传着盘古造人传说，不同的是毛南族的神话中，除有一个盘兄外，还有一个古妹。

盘兄与古妹是毛南族人类再生神话中的始祖神。传说远古时，雷公管天上，土地管地上。雷公脾气恶，百草、百鸟、百兽都从天上跑到地上。雷公怪土地骗走他的宝物，率天兵天将与土地大战。土地连败两仗，第三仗智擒雷公，将他绑在石柱上暴晒。刚好盘兄古妹路过，雷公苦苦哀求兄妹二人救他。兄妹俩见雷公可怜，也不知道雷公是坏人，于是把水喷在雷公身上。雷公得水生力，挣断了铁链，飞到天上去了。临走前，雷公取下两颗牙齿交代盘兄古妹栽种。

盘兄古妹种下雷公牙，精心呵护，结出两个大葫芦。雷公为了报复土地，连续下了几个月的大暴雨，地面上洪水滔天。土地带着财宝躲进一只葫芦，可是葫芦太重，眼看着就要下沉。土地不得已将宝物抛出，龙王捡到了财宝，成了富翁。盘兄古妹躲进另一只葫芦，在水面上漂流。

水退后，地上的人类都被淹死了，只剩盘兄古妹二人。过了许多年，他们慢慢长大了，土地就把他们叫到面前，

广西环江县城巨大的傩面具雕塑

毛南族拥有独特的傩文化，集巫、道、佛三教于一体，保持着原始自然崇拜的诸多遗风。傩歌、傩舞、傩戏被誉为戏剧的活化石。

>>>小贴士

分龙节 毛南族祭祀龙的节日，于农历夏至后的第一个辰日（即龙日）前后举行，祈求风调雨顺，五谷丰登。节期每家每户都蒸五色糯米饭和粉蒸肉，折回竹丫柳枝插在中堂神龛上，把五色米饭捏成小粒团，粘在枝叶之间，预祝硕果累累。

毛南族木面舞

在民间祭祀乐舞基础上发展起来的，以祭祀、娱神、娱人为目的，充分体现了傩舞的神韵。

相交，他们就要成亲。盘兄古妹在两座山上各自燃起一堆艾草，奇怪的事情发生了：两股本应垂直上升的浓烟，竟然交织成一团。他俩又决定从山上向下滚两扇磨盘，如果磨盘重合便结婚，结果两扇磨盘真的重合在了一起。看来真的是

让他俩婚配。古妹非常害羞，用力推土地，一不小心，土地跌进树下小石洞里，从此，土地神便住在地下了。

这时，一只乌龟爬了过来，叫盘兄古妹分别烧两堆艾草，说如果两股烟火

毛南族傩舞种类繁多

天意，兄妹俩也就没什么好说的，便结婚了。

结婚后，盘兄古妹捏泥成人，叫乌鸦衔往四方，让他们成了三百六十行中各种各样的能人，他们就成为毛南族的始祖了 。

>>>阅读指南

管仲：《毛南族》。新疆美术摄影出版社，2010 年 3 月。

韩德明：《与神共舞——毛南族傩文化考察札记》。广西人民出版社，2006 年 1 月。

>>>寻踪觅迹

广西环江毛南族自治县 毛南族的发祥地和最大的聚居地，有分龙节等浓郁的毛南族风情。

32. 满族天女佛库仑

满族始祖布库里雍顺塑像

“长白山，黑龙江，满族人的老故乡。”这是流传在满族人中的一句顺口溜。传说长白山东北的布库里山下，有一个湖泊叫布勒瑚里。有一天，天上下来三个仙女到湖里洗澡。这三个仙女，大姐叫恩石伦，二姐叫正石伦，三妹叫佛库仑。她们洗完澡上岸时，有一只神鹊飞来，嘴里衔着一颗红果，放在了三妹佛库仑的衣服上。佛库仑拾起色彩鲜艳的红果爱不释手，便放入口中。穿衣服时，她一不小心把红果咽到了肚子里，结果便怀了孕。当两个姐姐穿好衣服准备回天宫时，她却离不开地面了。

大姐和二姐仔细给三妹检查一番后，说：“这是天授妊娠于你，等你生产之后，身子轻了再回去罢。”不久，佛库仑生下一个男孩。这小孩相貌奇特，刚一出生就会说话。男孩长大后，佛库仑告诉他事情的经过，并对他说：“你姓爱新觉罗，名叫布库里雍顺。上天把你派遣

>>>小贴士

萨满信仰 是一种以万物有灵为基础的原始多神信仰，由此产生的萨满教是一种原始多神教，也是世界上最早的宗教之一。它曾经长期盛行于我国北方各民族。古代的匈奴、肃慎、勿吉、靺鞨、契丹、女真等民族普遍信仰萨满教，近代满、蒙古、赫哲、鄂温克、哈萨克等民族也信奉或保留萨满教的某些遗俗。

蜡染图案《满族女神》

鹰首女神
满族前身女真族的传世文物。据说她是满族另一个创世神话《天宫大战》中天母阿布卡赫赫身边的侍女，平时化作一只金眼、金爪、金嘴的雄鹰，飞翔在空中凝望着大地，拯救受苦受难的生灵，因此成为世上第一位女萨满。

到这个世界上，就是让你治理乱世的。你顺流而下，就可以找到立国之地。”她做了一艘小木船，让儿子坐在上面，顺流而下，然后自己凌空而起，返回天庭。

布库里雍顺坐船顺流到达一个有人居住的地方，就是长白山东南的鄂多理城（遗址在吉林敦化县）。城内住有三个姓氏，他们互争雄长，终日厮杀，民众苦不堪言。这一天，有个人到河边取水，突然见到一个相貌特别、举止奇异的男孩，折柳为椅，端端正正独坐着。城内正在争斗的人们闻讯，马上停止争斗，来到河边一看究竟。布库里雍顺对大家说：“我是天女佛库仑所生，天降我来平定大乱，今后你们再也不要互相残杀了！”

大家推举布库里雍顺为本城首领，并将一个叫百里的女子嫁给他为妻。布库里雍顺被尊为满族的始祖，长白山也就成了神圣所在地。长白山以东约 50 千米处有一个叫红土山的地方，山下有个圆池，“池深而圆，形如荷叶”，据说就是三仙女沐浴的布勒瑚里湖。后人为纪念先祖，称圆池为“天女浴躬池”，并在池的西北角树了一座碑，名曰“天女浴躬碑”。

萨满铜像
萨满是人与神的中介，也是氏族的精神文化代表，后来渐渐演变为萨满教巫师即跳神之人的专称。

>>>阅读指南

温秀林口述、于敏整理：《满族口头遗产传统说部丛书·伊通州传奇》。吉林人民出版社，2009 年 4 月。

傅英仁、王爱云：《满族萨满神话》。黑龙江人民出版社，2005 年 1 月。

>>>寻踪觅迹

长白山　满族和朝鲜族圣山，旅游胜地。位于中国东北的中朝边境上，有天池等著名景观，长白山圆池为传说中的满族发祥地“天女浴躬池”。

33. 天神造人

敖包

内蒙古草原上一道独特的风景，它是由人工堆成的石头堆、土堆或木堆，上插柳枝，挂着五颜六色的神幡。祭敖包是蒙古族人祭祀天神和祖先的宗教习俗，由此还演变出那达慕这种草原传统盛会。

蒙古族的神话记忆中，在遥远的年代，当寰宇只有微微曙光，当生命的火种刚刚燃起，当汪洋大海还是小小的湖泊，当高山峻岭只是小山丘，当树木花草还在发芽，当日月刚刚形成……天神为了造就人类，用泥土捏了一男一女。为了使泥人获得生命，必须去寻找生命的甘露让它们喝了才行。天神担心他走后魔鬼会来吃掉泥人，特意请狗和猫来守护它们。不久，魔鬼真的来了，狗和

>>>小贴士

蒙古族的敬神习俗 蒙古族厨师把羊肉分割成相等的九块，第一块祭天，第二块祭地，第三块供佛，第四块祭鬼，第五块给人，第六块祭山，第七块祭坟墓，第八块祭土地和水神，第九块献给皇帝。把肉抛向蒙古包上方祭天，抛入炉火之中祭地，置于佛龛前祭佛，置于蒙古包外祭鬼，挂于供奉的神树枝上祭山，祭坟墓即祭本民族祖先，扔于河泊祭水神，最后置于神龛前祭成吉思汗。这种习俗可追溯到崇拜多种神祇的古老的萨满教信仰。

阴山岩画

阴山山脉横亘在内蒙古中南部，在西起阿拉善左旗、东至乌拉特中后旗的广大地区，发现了近万幅岩画，时间从旧石器时代一直延续到明清时期，是包括蒙古族先民在内的中国古代北方游牧民族留下的宝贵文物。

猫迎上去连咬带抓，不让魔鬼靠近泥人。狡猾的魔鬼送来了猫爱吃的牛奶和狗爱吃的喷香羊肉。当猫和狗狼吞虎咽的时候，魔鬼在泥人身上撒了一泡尿水就逃走了。

当天神求来甘露，眼见两个泥人满身的污秽，生气地命令狗去舔干泥人身上的尿水。狗胡乱舔了，但一些地没有舔到，所以今天人的身上有头发和腋毛，其他地方则没有毛。天神又把猫舔刮下来的脏毛披盖在狗身上，这样，狗身上长了又长又密的毛。至今牧人还在说猫舌头是有毒的，狗毛是肮脏的。

天神虽然给泥人喝了永生的甘露，但泥人因为中了魔鬼的邪气，所以人的生命从长生不老缩短为有限的几十年。

>>>阅读指南

荣苏赫等：《蒙古族文学史》。内蒙古人民出版社，2010 年 9 月。

乌热尔图：《蒙古祖地》。青岛出版社，2006 年 1 月。

>>>寻踪觅迹

内蒙古岩画　分布范围广大，以乌兰察布岩画、潮格旗岩画、阿拉善岩画、狼山岩画最著名。包头市博物馆有内蒙古古代岩画专题陈列室。

34. 依罗娘娘造人

每年农历七月七日至十二日的女儿会被称为土家族的情人节

土家族造人的神仙叫依罗娘娘。相传张古老造好了天，李古老造好了地，地上没有人，空荡荡的，寂寞得很。玉帝把张古老喊来，说："你造个人吧。"张古老就用石头做人，做了七天七夜，头有了，身子有了，手脚也有了，但坐着不会出气，站起来不会走路。张古老没有做成人，他"唉唉唉"叹了三口气，上天去了。

玉帝又让李古老造人。李古老用泥巴做了七天七夜，也没有做成人。他"唉唉唉"叹了三口气，进地里去了。

玉帝再叫依罗娘娘造人。依罗娘娘用竹竿做骨架，用荷叶做肝、肺，用豇豆做肠，用萝卜做肉，用葫芦做脑壳，通了七个眼，吹了一口仙气，做出来的人坐着能出气，站起来也能走路。这样人就做成了。

地上有了人，凡间世上就热闹了。

>>>寻踪觅迹

贵州沿河土家族自治县 保持着鲜明的土家族风格和特色，有"中国土家山歌之乡"的美誉。

湖南永顺芙蓉镇 原名王村镇，是一个有2000年历史的古镇。临水依山的吊脚楼、青石板铺就的五里长街、民俗博物馆近百件散发着乡土气息的民间用具，透着淳厚古朴的土家族风情。

35. 黄水潮天树长人

四川汶川地区出土的古羌人珠饰

以建碉楼、索桥著称的羌族是一个十分古老的民族。相传在远古时代，有一只调皮的猴子爬到一棵很高的马桑树上玩耍，后来顺着树尖竟然爬到了天上。它在天上东翻西找，十分不安稳。天神警告它不要把金盆里的水打翻了，否则就会把地上的人淹死。可它没注意听，偏偏翻弄了那只金盆，结果引起地上黄水潮天。

地上有姐弟俩见势不妙，慌忙钻进一只大黄桶里。大黄桶随波逐流，不知漂了多久。滔天的黄水总算退了，黄桶停落在一座山上。姐弟俩走出来一看，村寨、房屋都没有了，亲人、邻里都不在了，整个大地人烟全无，凄凉一片。弟弟难过地说："爸爸、妈妈、哥哥、妹妹全没了，剩下我们两个可怎么办?"姐姐说："光着急也没有用，要想法把人烟繁衍起来，只有靠我俩了。我

>>>小贴士

祭山会 羌族最隆重的节日之一，一般春秋两季举行。春季祈祷风调雨顺，秋后则答谢天神赐予的五谷丰登。举行祭山会的时间和次数各地不统一，牺牲品也因传说、图腾不同而有差异，大致可分为神羊祭山、神牛祭山和吊狗祭山等几种。祭山程序极为复杂，一些地方祭山后还要祭路三天，禁止上山砍柴、割草、挖苗、狩猎等。

这种独具羌族特色的陶罐与古羌人墓葬的出土文物一脉相承

爬这边的山，你爬那边的山，我们把两扇磨盘从山顶滚下去，如果两扇磨盘合在了一起，我们就配成一家。”

姐弟俩各自背上磨盘爬上高山，打了一声“呵呵”，同时把各自的半扇磨盘推下山去。他们跑下山一看，两扇磨盘合在了一起，姐姐的那扇在下面，弟弟的那扇在上面。于是，二人就配成了一家。不久，姐姐怀孕生了孩子，但却是个肉坨坨。弟弟把肉坨坨拿到家门外，割成许多小坨坨，边走边挂在梨树上、桃树上、核桃树上、白杨树上、李子树上……百种树上都挂满了。

羌族释比

释比文化是羌族原始的宗教文化，是在自然崇拜、祖先崇拜和万物有灵的多神信仰基础上产生的。羌区最神秘的人是释比，他是人神沟通的桥梁、宗教仪式的执行者，也是羌族文化的集成者和传承者。羌人一生中任何大事都离不开释比，祭山、还愿、安神、驱鬼、消灾、招魂、治病去邪、婚丧事等活动都由释比主持。

羌绣

羌族人衣服上有非常漂亮的图案，它们大多是羌族妇女的手工刺绣作品，散发出迷人的魅力。

第二天，弟弟起得很早，一出门就看见四面八方的树林里都在冒烟。他走过去一看，每棵树下都有一家人，核桃树底下的姓郝，白杨树底下的姓白……他高兴地跑回去告诉姐姐：“百种树上挂了肉坨坨后，现在有百家人了，人烟繁衍起来了！”

>>>阅读指南

鸿骥才主编：《羌族口头遗产集成》。中国文联出版社，2009年5月。

王明珂：《英雄祖先与弟兄民族》。中华书局，2009年7月。

>>>寻踪觅迹

四川茂县 中国最大的羌族聚居区和羌族文化核心区，有古老的黑虎羌寨和中国唯一的羌族博物馆等。

36. 观音菩萨转世为猕猴

布达拉宫壁画《藏族原始先民图》

与汉族基因同源的藏族传说人是猴子变来的。远古时喜马拉雅山被洪水侵袭，长时间无人出来治理，人们总是担惊受怕地生活着。有一天，忽然出来一个人，他登上喜马拉雅山，大呼一声，用神斧把高山劈开，使洪水倾泻而下，才出现了大草原和高原。洪水退后，这个人变成了一只猕猴，相传它是观音菩萨转世的。

>>>小贴士

西藏远古文明 旧石器时代晚期，西藏高原就有人类活动。昌都卡若遗址和拉萨曲贡古遗址考古资料表明，四五千年前的新石器时代，西藏地区已出现了堪称发达的远古文化，而且它们并不是孤立发展的。卡若文化与黄河中上游地区的原始文化有着或多或少的联系，而曲贡村民已经具有了以农耕方式为主、畜牧为辅的稳定的经济生活，并与中亚和南亚有间接的文化交往。

这只猕猴来到雅砻河谷的洞中，潜心修炼慈悲菩提心。正当它认真修行的时候，山中来了一个女魔，施尽淫欲之计，并且提出来要和它结婚。猕猴答道："我是观音菩萨转世，受命来此修行的，和你结婚，岂不破了我的戒行！"女魔娇滴滴地说："我是前生注定降为妖魔，因和你有缘，今天专门找你作为恩爱的人。如果我们成不了亲，日后我必定成为妖

布达拉宫壁画描绘了藏族先祖菩提神猴与魔女成婚生下六只小猴的情景

陶塑猴面像
新石器时代。拉萨曲贡遗址出土。让人联想起猕猴变人的创世神话。

魔的老婆，将要杀害千万生灵，并生下无数魔子魔孙。那时，雪域高原将是魔鬼的世界，要残害更多的生灵。所以，希望你答应我。”

猕猴是观音菩萨降世，听了这番话，心中念道：“我如果与她结成夫妻，就得破戒；如果不和她成亲，又会造成大的罪恶。该怎么办呢？”它一个跟头翻到普陀山，去找观世音给自己出主意。观世音想了想，说：“这是上天之意，是个吉祥之兆。你能与她结合，在雪域繁衍人类，是莫大的善事。作为一个菩萨，理当见善勇为，速去与她结成夫妻。”

后来，猕猴和魔女夫妻生下六只小猴，它们的性情与爱好各不相同。老猕猴将六只小猴送到果树林中，让它们各自觅食生活。

三年后，老猕猴去探视子女，发现它们已经生了500只小猴孙了。这时，树林中果子也越来越少，即将枯竭。

众小猴见老猴来了，纷纷嚷道：“我们将来吃什么呢？”老猕猴见它们的模样十分凄惨，自言自语道：“我生下这么多后代是遵照观世音的旨意，不如再请示观世音吧。”它旋即来到

>>>阅读指南

程圣民：《藏族民间故事精选》。民族出版社，2004年1月。

林继富：《灵性高原——西藏民间信仰源流》。华中师范大学出版社，2004年12月。

藏族先民的岩画

西藏昌都卡若遗址出土的双体陶罐

了普陀山。观世音说："我赐予你五谷种子，就能够抚养它们。"于是，老猕猴遵命从须弥山中取了天生的五谷种子，撒向大地。大地不经耕作，便长满各种谷物。众猴子因得到充足的食物，尾巴慢慢变短了，开始说话，逐渐变成了人，这就是雪域上的先民。

舞蹈纹彩陶盆

青海同德县巴沟乡团结村宗日遗址出土。宗日文化是距今 5800 年至 4000 年的新石器时代文化遗存，反映青藏高原早期民族起源、社会发展和民族交流的历史。

猕猴变人的故事在藏族民间广为传播，并记录在古老的经书中，还搬上了布达拉宫、罗布林卡的壁画。那猕猴住过的洞穴，传说就在泽当附近的贡布日山上，"泽当"也因是"猴子玩耍之地"而得名。

>>>寻踪觅迹

泽当镇　藏族的发源地，位于西藏乃东县。这里的贡布日山是传说中猿猴变人故事发生的地方，附近有西藏最早的宫殿建筑雍布拉康、文成公主居住过的昌珠寺和著名的桑耶寺等。

藏北岩画　主要分布在西藏北部尼玛县的加林山、纳木错一带和日土县境内，是史前居住在青藏高原的人类创造的。

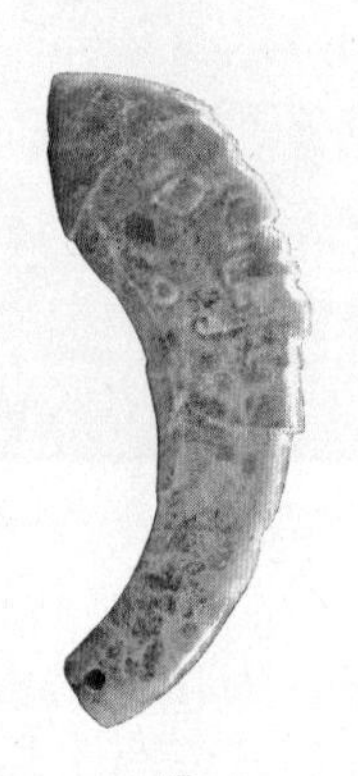

根的记忆

人面口陶壶

新石器时代晚期。内蒙古科左后旗出土，内蒙古博物院藏。

37. 南非“新夏娃”与中华始祖

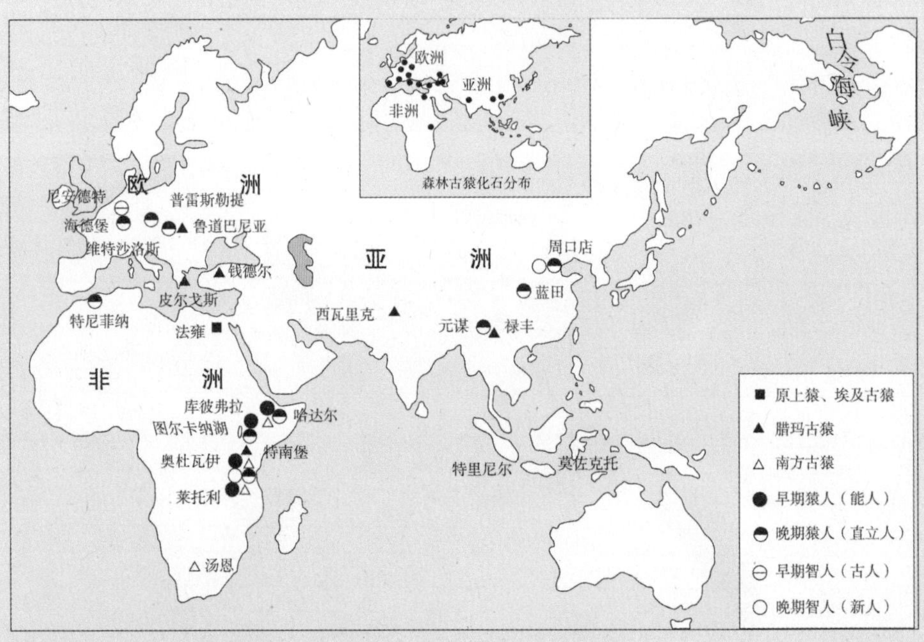

世界重要的古人类遗址示意图

中华民族究竟是从非洲走来，还是中华大地上土生土长的？

20世纪后期，非洲接二连三发现猿类和早期人类化石，由此掀起了“人类起源于非洲”的学说。有些西方学者认为：大约在20万年前，一群单性的南非妇女移动到非洲北部，约10多万年前进入欧洲和亚洲，约6万年前转移到亚洲东方。她们所到之处，都毫不例外地替代了当地的原有人群，成为各地现代人的女祖。有人把这一说法称为“新夏娃学派”。最近几年，非洲又发现了250万年前的人类化石，加上与人类最近的两种猿类都生长在非洲，因此“人类起源于非洲”成为流行的论点。这种说法认为，中国现

>>>小贴士

旧石器时代　以使用打制石器为标志的人类物质文化发展阶段，从距今250万年前开始，延续到距今1万年左右止。旧石器时代早期、中期和晚期大体上分别相当于人类体质进化的能人和直立人阶段、早期智人阶段、晚期智人阶段。

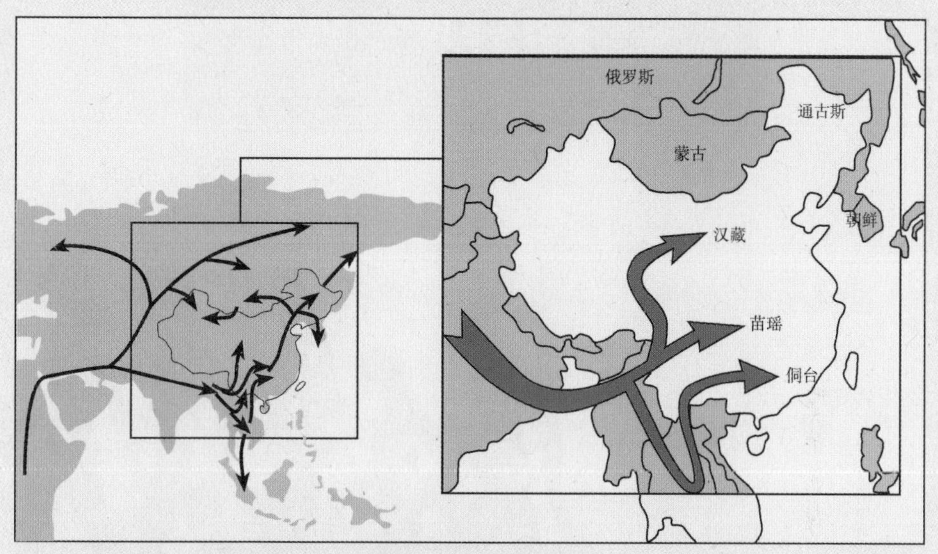

"人类起源非洲说"中国人祖先的迁移路线示意图

代人与"北京人"没有关系，而是从非洲来的女祖的后裔。

1987年，美国科学家华莱士和威尔逊分别带领两个实验室，检测取样于全球各地不同族群的细胞线粒体。线粒体存在于细胞质中，它自己有DNA（脱氧核糖核酸），能够独立复制，代代相传，是一种很好的遗传标记。

通过分析遗传物质DNA，研究小组惊奇地发现，现代女性的基因都来自一位妇女，她生活在大约14.8万年前的非洲；而现代男性也都有一个共同的父祖，他也生活在15万年前的非洲。进一步的研究得出结论：现在全世界的人类都来自非洲，距今10万年至5万年期间，非洲人进入亚洲和欧洲，生活在中国的原土著——"蓝田人"、"元谋人"、"北京人"都在新居民抵达前灭绝了，他们没有留下后代。

分子生物学得出的这一结论很快被人们广泛接受，它似乎帮人类找到了真正的亚当和夏娃。难道南非"新夏娃"真的是中华始祖？对此，有学者认为：中国古人类化石分析显示，至少在以中国为典型的东亚地区，15万年前的土著文明一直延续到了现在，并没有被来自非洲的外来文明所取代。

>>>阅读指南

［美］斯宾塞·韦尔斯著，杜红译：《出非洲记——人类祖先的迁徙史诗》。东方出版社，2004年。

［美］The Diagram Group 著，张凡姗译：《人类始祖》。上海科学技术文献出版社，2006年1月。

38. 双沟古“醉猿”

从猿到人进化示意图

在苏皖交界的双沟镇及其周边地区，长期以来流传着这样一个传说——

古时候，这片土地上生活着一群猿人，他们依靠采集天然长成的植物生存。由于居无定所，在植物果实丰盛的季节，他们将野果分藏在不同的洞穴，以后慢慢找出来食用。大多数果实被找到吃掉了。偶尔被遗忘的，经过一年、两年或若干年再次被发现时，野果经长期发酵，产生了酒精。食用这些野果后，初试酒味的先祖们都醉了，醉倒在双沟这片神奇的土地上。

双沟“醉猿”复原模型

“猿猴造酒”也许是最具有中国古代自然科学思想的古老神话传说，而30多年前的一次发现让这个传说有了科学的依据。

1977年初夏的一天，骄阳炙烤着大地，只有洪泽湖岸垂柳的阴影能给人带来一丝凉意。中国科学院古脊椎动物和古人类研究所教授李传夔在双沟下草湾地区进行考古挖掘时，从灰白色泥质团块的砾石层中挖出了一件古脊椎动物化石。经研究，这件化石被认定是大约100

美丽的洪泽湖畔是古人类的摇篮

万年至 50 万年前的古猿化石。兴奋的李教授仰天大笑："我发现亚洲第一猿了！"它就是双沟"醉猿"。

其实，双沟"醉猿"从远古时期起就一直被淮河流域的人们传说着。最早的传说是关于淮河水怪无支祁的故事。传说无支祁眼如铜灯，青面獠牙，攀岩走壁如履平地，在水上行走如飞，在水下动如脱兔，在淮河流域兴风作浪，翻云覆雨，为害一方。大禹治水时将其擒获，用寒铁铁链锁住琵琶骨，关在离双沟不远的淮河边上龟山下的一口溜溜井内。到后来，双沟"醉猿"又变成"美猴王"孙悟空，据说明代吴承恩写古典名著《西游记》时也曾借此传说。

我们可以想象 100 万年前双沟地区的优美景象：周围是低山丘陵和茂盛葱郁的森林，宽阔的湖泊水明如镜，湖边碧草青青，小溪流水潺潺，林中鸟鸣声声，以古猿为代表的近百种庞大的动物群在这里悠然自得地繁衍生息，构筑成一方生物演化的乐园和舞台。说不定正是这片富饶而神奇的土地走出了我们的祖先呢！

>>>阅读指南

尤玉柱等：《双沟醉猿》。文物出版社，2002 年 3 月。

西北来客：《消逝的文明》。中原农民出版社，2008 年 4 月。

>>>寻踪觅迹

江苏泗洪县 有双沟"醉猿"和距今约 5 万年的"下草湾人"等多个古人类遗址，还有美丽的洪泽湖风光。

39. 三峡“巫山人”

考古发现，长江三峡地区的“巫山人”竟然可能是大名鼎鼎的“北京人”的祖先！

1985年，中国古人类学家在重庆龙骨坡发现了一段左侧下牙床和一个内侧门齿化石。经测定，牙齿化石时间为204万年以前，是我国目前发现的最早的古人类化石。古人类学家将其定为“东亚型人”，因发祥地在重庆巫山龙骨坡，故被命名为“巫山人”。

>>>小贴士

人类进化过程

从猿到人的转变过程主要分为猿人和智人两个阶段，又可细分为四个阶段。

1. 早期猿人。也叫能人，大约生存在距今300万年至150万年前，已具备人类的基本特点，能直立行走，并制造简单的砾石工具。

2. 晚期猿人。又叫直立人。大约生存在距今200万年至30万年前，身体像人，脑量较大，可以制造较进步的旧石器，并开始使用火。

3. 早期智人（古人）。大约生存在距今20万年至5万年前，与现代人已经很接近，不仅会保存天然火，还学会了人工取火。

4. 晚期智人。又称新人，大约生存在10万年至1万年前。基本上与现代人相似。完全直立行走，前肢是专门用作劳动和抓握的器官，有很发达的大脑，会制造磨光的石器和骨器，已学会钻木取火，并有雕刻和绘画艺术。

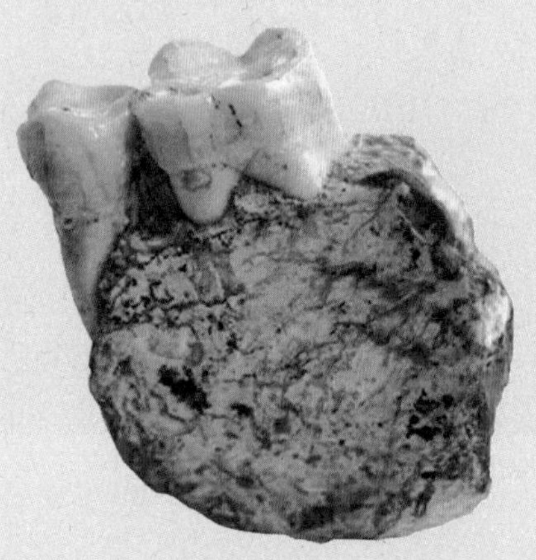

“巫山人”门齿化石

重庆中国三峡博物馆藏。

东亚型人包括生活在长江流域的“巫山人”、“奉节人”、“建始人”、“南京人”以及“巴人”等多种直立人和智人，其时代涵盖了200万年至5000年前。他们经历了使用天然工具、制造工具到有意识狩猎等不同的人类演化阶段。“巫山人”是到目前为止发现的年代最久远的东亚型人，这种类型的古人类外形特点是眼眶呈长方形，下颚圆整，鼻骨窄而高，身高在1.6米至1.7米之间，他们喜欢就地取材，通过砸或砍的方式制作工具。

为什么说“巫山人”是“北京人”的祖先呢？据古人类学家研究，如果把中国采集到的古人类化石汇集在一起，就

大溪文化人形佩
重庆中国三峡博物馆藏。

会发现长江流域发现的古人类化石地点最多，占总数的86%。人们推测，长江流域以外的“北京人”、“蓝田人”等，他们的原籍不在北方，而是随着自然环境的变暖和生活半径的扩大，一支古人类越过秦岭抵达蓝田，另一支古人类则沿着东部平原迁移到了华北的北京，成为了“北京人”。

“巫山人”的发现，向中国人起源于非洲说发起了挑战。过去人们普遍认为东亚型人是几十万年前变成“人”之后才从非洲来到东亚的，“巫山人”至少说明早在200万年前甚至更早，东亚就来了一批猿人，只是那时猿的特征还比较明显，还不是真正意义上的人。随着青藏高原的隆起，长江流域大三峡（湖北宜昌以西、横断山以东的广大地域）形成的森林河流环境和与之伴生的立体气候，很适合人类繁衍。1998年，考古学者在安徽繁昌县发现数百件古人类制作的石骨工具，说明距今250万至200万年前，长江流域就已经有古人类活动了。所以，从“猿”到“人”这一重大转变应是在中国大地上完成的，人们有理由怀疑人类单纯起源于非洲之说。

红衣灰陶簋
重庆巫山县大溪文化遗址出土，四川博物院藏。
“巫山人”和“大溪人”虽然年代相融久远，可他们都在同一片土地上生活过。他们之间有联系吗？

>>>阅读指南

黄万波等：《龙骨坡——200万年前的山寨》。中华书局，2006年1月。

陈雪良：《中华远古文明之谜》。文汇出版社，2007年3月。

>>>寻踪觅迹

龙骨坡古猿人遗址　位于重庆市巫山县庙宇镇龙坪村。

重庆中国三峡博物馆　收藏有“巫山人”化石等相关考古文物。

40.“元谋人”——中国最早的直立人

“元谋人”牙齿化石及石器

云南“元谋人”是我国历史上迄今为止发现的最早期类型的直立人，在中华始祖进化的历程中占有重要地位。大约170万年前，原始人类就生活在中国大地上。那时，元谋一带榛莽丛生，森森郁郁，是一片亚热带的草原和森林，先有枝角鹿、爪蹄兽等动物在这里生存繁衍，再往后推移一段时间，出现了桑氏鬣（liè）狗、云南马、山西轴鹿等动物。“元谋人”使用粗陋的石器捕猎这些食草类野兽。

>>>阅读指南

周国兴：《穷究元谋人》。云南科学技术出版社，2009年11月。

吕兵伟：《中华文明考古》。北京出版社，2009年5月。

元谋县位于云南北部，这里居住着彝、傈僳、苗、回、傣等21个民族。1965年5月，中国地质科学院在元谋上那蚌村附近发现了“元谋人”遗址。这里地处元谋盆地边缘，盆地内出土一套厚达695米的河湖沉积地层，从下到上分为4段28层，“元谋人”的牙发现于第4

“元谋人”复原雕塑

“元谋人”的故乡有壮观的土林风光

段第22层中。此后，又在同一地点的同一层位中，发掘出少量石制品、大量的炭屑和哺乳动物化石。用当时国内最先进的古地磁学方法测定，“元谋人”的生存年代距今170万年。

“元谋人”发现地矗立着纪念碑

“元谋人”本身的化石，目前只发现同一个体的两枚上中门齿。这两枚牙齿很粗壮，唇面比较平坦，石化程度很深，具有明显的原始性质，被命名为“元谋直立人”，俗称“元谋人”。“元谋”一词出自傣语，意为“骏马”。

“元谋人”的文化遗物有石核和刮削器等石制品共七件，人工痕迹清楚。此外还发现两块黑色的骨头，经鉴定可能是被烧过的，研究者认为这是当时人类用火的痕迹。这一发现把人类用火的历史大大提前。

>>>寻踪觅迹

“元谋人”陈列馆 位于云南元谋县城，收藏有古生物化石和其他文物，展示了人类起源、元谋古猿和元谋史前文化。

41. 用石球狩猎的“蓝田人”

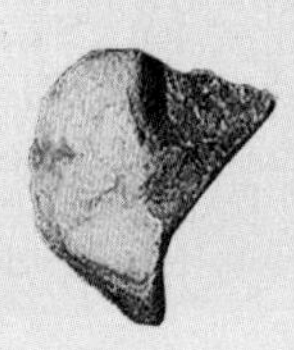

“蓝田人”的石器

1963年7月和1964年5月，中国科学院考古人员分别在陕西蓝田县的陈家窝和公主岭，发现了一个老年女性猿人下颌骨和一个中年女性猿人头骨化石，她们分别是有75万年和65万年历史的直立人，专家将其定名为“蓝田中国猿人”。

“蓝田人”是旧石器时代早期的人类。公主岭发现的猿人头骨化石属于一个30多岁的女性，头盖骨低平，额部明显倾斜，眉脊骨粗壮，骨壁厚，脑量小，表现出较为原始的形态。陈家窝发现的猿人下颌化石形态与“北京人”较像。

在蓝田的旧石器时代地层中，共发现200多件石制品，其中最有特色的是大尖状器，断面呈三角形。这种石器在山西的丁村遗址、匼(kē)河遗址、西侯度遗址和河南三门峡市等地也有发现。这些地方均位于地理上的“汾渭地堑”及其邻近地区，表明大尖状器是这个地区旧石器文化的一个重要代表。“蓝田人”的狩猎工具——石球，与其他地方发现的同类器物也比较接近。在公主岭的化石层中还发现了可能是“蓝田人”用火的遗迹。

“蓝田人”遗址中出土的大熊猫、东方剑齿象、华南巨貘(mò)、中国貘、毛冠鹿和秦岭苏门羚等南方森林性动物化石表明，当时蓝田一带气候温暖、湿润，林木茂盛。

“蓝田人”的发现扩大了中华始祖的分布范围。

>>>寻踪觅迹

蓝田猿人遗址纪念馆　在陕西蓝田县公主岭村，陈列有旧石器时代文物。

陕西历史博物馆　“蓝田人”头盖骨化石等相关文物收藏于此。

42. 闻名世界的“北京人”

“北京人”复原像

在中华始祖的进化史上，“北京人”举世闻名。大约 70 万年至 20 万年前，在今北京房山周口店地区，就有原始人类在那里劳动、生息，这就是旧石器时代初期的“北京人”。

“北京人”遗址位于周口店村的龙骨山。这里处于山区和平原交接地带，东南面是华北大平原，西北面是山地。周口店附近山地多为石灰岩，在流水的作用下，形成大小不等的天然洞穴，成为埋藏“龙骨”的仓库，故名龙骨山。山上有一个东西长约 140 米、南北宽 2.5 米至 42 米不等的天然洞穴，是 50 万年前北京猿人栖息的地方。他们先后在洞穴里群居了 40 多万年，遗留下吃剩的食物和用过的器具，还有他们的遗骸。

“北京人”遗址的发掘经历了一个较长的过程。1918 年发现第一地点后，经 1921 年、1923 年的两次发掘，发现了不少哺乳类动物化石，特别重要的是在这些化石中有两颗人的牙齿，它是最早发现的北京猿人遗骨。1927 年以来，又经多次大规模发掘，特别是 1929 年 12 月，中国考古学家裴文中发现了第一个完整的“北京人”头盖骨化石。截至目前，出土的全部“北京人”化石有 6 件较完整的头盖骨、12 件残破面骨、15 件下颌骨、

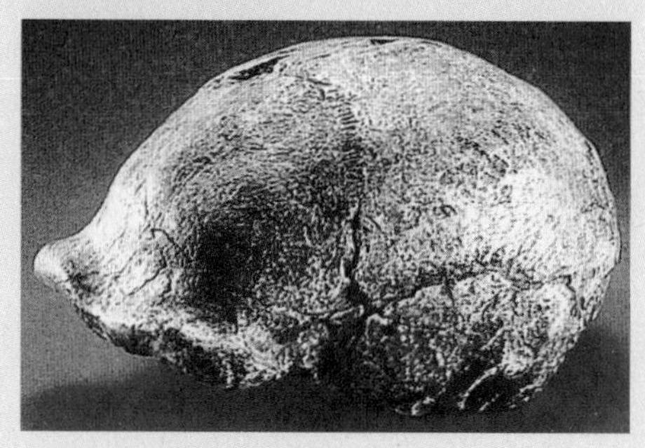

“北京人”头盖骨复原图

>>>阅读指南

赵静芳：《北京猿人的传说》。上海古籍出版社，2010 年 8 月。

李鸣生：《全球寻找“北京人”》。北京出版社，2006 年 1 月。

周口店遗址博物馆内50万年前北京周口店地区景观图

157颗牙齿和10多件残肢骨、体骨。这些化石是40多个男女老幼的遗骨。从此，周口店以中国猿人之家闻名于世。

在"北京人"居住过的洞穴里，发现厚度达4米至6米、色彩鲜艳的灰烬，表明他们已懂得使用火、支配火。遗址中还出土了数以万计的石制品，多为小型石器，器型种类繁多，原料均出自附近。早期石器较粗大，砍砸器居重要地位；中期石器形制变小，尖刃器发展迅速；晚期石器更趋小型化，石锥是这一时期特有的。可见"北京人"过着以采集为主、狩猎为辅的生活。

会用火的"北京人"

遗憾的是，1941年，太平洋战争爆发，五件"北京人"头盖骨化石在转往美国"避难"途中神秘失踪，从此下落不明。70多年来，中外众多人士和机构一直在不断寻找它们，可至今仍扑朔迷离，"北京人"头盖骨失踪事件成为20世纪科学史上最大的悬案之一。

>>>寻踪觅迹

"北京人"遗址　世界著名的古人类遗址，在北京房山区周口店龙骨山脚下，被列入世界文化遗产名录，建有博物馆。

43.“北京人”的邻居“沂源人”

沂源地处鲁中腹地，是泱泱八百里沂河的发源地，是山东省平均海拔最高的县，有“山东屋脊”之称，境内山峦起伏，河流纵横，环境优美，气候宜人，完整地保存着自然与文化的原生态。1981年9月，在沂源县土门九会村东北的骑子鞍山根，发现了一块猿人头盖骨化石。同年10月和11月，又发掘出头盖骨一块、眉骨两块、牙齿六颗，以及肱骨、股骨、肋骨各一段。1982年5月，考古工作者在这里又发现猿人牙齿两颗。经专家考证确认，这些是50万年至40万年前的成年猿人骨骼化石，与著名的“北京人”同期。同时，这里还发现了野猪、犀牛、老虎、巨河狸等十余种哺乳动物化石。

“沂源人”是黄河中下游地区发现的最早的古人类，不仅填补了中国猿人地理分布的一个空白，而且为研究古地理、气候、人类的进化和史前文化，提供了弥足珍贵的实物资料。

>>>寻踪觅迹

山东沂源县 不仅是“沂源人”的发祥地，还是“中国北方溶洞之乡”和“牛郎织女传说之乡”，有相对应的古建筑遗址及其他文化现象。

“沂源人”发现地有中国北方最大的溶洞群，它们是古代猿人生息、繁衍的场所

44. 神秘的“南京人”

陶塑人面像

被称为“南京先祖”。出土于南京浦口区营盘山新石器时代氏族葬地遗址。该遗址距今约5000年，有着发达的玉文化。

在中华始祖的起源上，直接向东非“新夏娃”挑战的是“南京人”。

“南京人”的发现十分传奇。南京汤山葫芦洞是1990年3月被采石工人发现的，因洞体如平卧的巨型葫芦，故称“葫芦洞”。洞内有较多哺乳类动物化石和大量泥石沉积物。1994年1月，在洞南壁下一个大缝隙中，先后出土了两个猿人颅骨化石和一枚臼齿化石，按专家鉴定时间为序，分别命名为“南京人1号颅骨”和“南京人2号颅骨”。

>>>阅读指南

吴汝康、李星学主编：《南京直立人》。江苏科学技术出版社，2002年12月。

方鹏：《中国人的起源》。江西人民出版社，2010年4月。

两块人类颅骨的主人生活年代距今62万年至58万年，为一男一女，澳大利亚科学家称之为“南京人”。“南京人”生活的年代与“非洲人”处于同一时代，这不仅否定了“人类非洲起源说”，而且对研究亚洲人类起源和长江流域中华始祖的活动，都具有极其重要的意义。

汤山猿人洞外景

为什么说“南京人”是神秘的呢？因为经过十年的研究和论证，葫芦洞尚有四个待解之谜困扰学术界：一是洞内沉积的大量泥土层还没清除彻底，不知洞

“南京人”的诞生地汤山溶洞

还有多深，是否还隐埋着其他化石；二是该洞是不是猿人生活遗址或猿人遗骨之地还没搞清楚，因为远古时期人吃动物，动物也吃人，如果是猿人生活遗址，可为什么没有猿人生活过的痕迹和使用过的石器？三是洞中有大量葛氏斑鹿和肿角鹿的化石，它们是典型的北方动物群，显然是从北方迁徙而来，但它们是怎样越过长江天堑的呢？四是专家对两位南京直立人的年龄、特征、确切年代有几种不同看法。

汤山猿人洞景区“南京人”雕塑

葫芦洞内留下了大量堆积物。洞底下还有尚待发掘的十多米厚的沉积物，考古学家期待能从中找到“南京人”的躯体遗骸，从而破解“南京人”的几大谜团。

>>>寻踪觅迹

南京汤山猿人洞 “南京人”的诞生地，是一个巨大的溶洞群。景区内还有古人类石刻园、古人类史料陈列馆、猿人雕刻等人文景观。

南京市博物馆 汤山葫芦洞出土的南京猿人头骨化石和营盘山遗址出土的600多件文物均收藏于此。

45. 28万岁的金牛山“美女”

金牛山遗址位于辽宁大石桥市永安镇田屯村，是继北京猿人之后发现的中国北方旧石器时代早期最重要的遗址，同时也是中国东北地区迄今发现的时代最早、文化内涵最丰富的古人类遗址，距今约二三十万年。自1974年起，先后进行了十次考古发掘，发现了古人类化石、石制品、用火遗迹和哺乳动物化石等大量珍贵文物。其中，1984年发现的古人类化石有头骨、脊椎骨、髋骨、腕骨、膑骨、手足骨等55块，属一个个体，被命名为“金牛山人”。

“金牛山人”不仅有较完整的头骨，而且还有很难保存的颜面骨。经过鉴定和复原，人们发现，这位28万年前的祖先竟然是个年轻“美女”，年龄大约20岁至22岁。脑容量测定表明，“金牛山人”大脑比“北京人”进步，正处在直立

“金牛山人”遗址白犀牛雕塑

28万年前"金牛山人"的生活情景

人向早期智人的过渡阶段。她填补和连接了人类进化系列上的重要缺环，对研究人类的进化具有重大学术价值。

"金牛山人"到底比"北京人"聪明在哪儿呢？"金牛山人"不仅会使用火，而且还会管理火。在生火之前，"金牛山人"先在地面用石头垒起一个圆形的石头圈，以控制篝火的范围，类似后来的灶，然后在"灶"里烧烤食物。"金牛山人"已经懂得采用封火法保存火种。大量用火烧过的动物骨骼和近万件人类敲骨吸髓后形成的骨片，显示当年"金牛山人"群居洞穴、肢解动物、围火烧烤、敲骨吸髓这样一种生动的生活情景。那些动物烧骨和敲碎的肢骨、一堆堆燃尽的灰烬，估计年代已超过30万年。

人类最初使用的是自然火，170多万年前的"元谋人"和50万年前的"北京人"，都留下了用火的遗迹。到了28万年前，"金牛山人"已经知道控制火源，砌筑原始的"灶"，生存手段包括对生熟食物的控制程度有了很大改善。在中国大地上，中华始祖"金牛山人"率先跨入了智人阶段。

>>>阅读指南

李轩：《人类进化史》。中国广播电视出版社，2011年1月。

李娟：《人类起源之谜》。时事出版社，2008年10月。

>>>寻踪觅迹

金牛山古人类遗址 位于辽宁大石桥市永安镇，建有陈列馆。

辽宁省博物馆 "金牛山人"化石等出土文物收藏于此。

46. “大荔人”：祖先还是敌人？

1978年3月，陕西水利局工作人员刘顺堂在大荔县段家乡解放村的甜水沟做勘测时，在乱石层中发现了一个完整的古人类男性头骨（缺下颌骨）化石，他就是不足30岁的“大荔人”。“大荔人”体质特征介于直立人和早期智人之间。研究表明，他具备一定的智慧，并开始用大脑思维。“大荔人”证明了古人类大约在20万年前就已开始借助大脑的思考制作简单的工具，同时也证明陕西是中华始祖的发源地之一。

为什么会有“大荔人”是祖先还是敌人的说法呢？从感情上讲，我们更愿意相信“北京人”、“山顶洞人”是我们的祖先。但是，有一种观点认为，大约在15万年前，非洲进化出来一种像我们这样的“现代人”，从解剖学的角度，他们和现代人几乎是一样的。而地球上出现过的其他古人类，如“大荔人”和“北京人”，不管是脑容量，还是牙齿、额头的形状以及骨壁的厚度等，都与现代人有显著的差别。正因为如此，我们按进化阶段把古人类分为直立人和早期智人等。

有学者认为，在非洲进化出来的“现代人”，在随后的10万年间逐步扩散到欧洲和亚洲，最终把世界各地那些种类较为古老的人类消灭得一干二净，我们就是这些胜利者的后裔。按照这种观点，非洲的黑人、欧洲的白人和黄皮肤的中国人都是近亲，而中国境内早于6万年前的化石人类，如“蓝田人”、“元谋人”、“北京人”等，与当代中国人都没有遗传学上的关系。

我们的祖先曾经杀尽我们脚下这块土地上的土著人吗？为什么会发生这种取代？一种解释是暴力假说。在19世纪，美洲和大洋洲的土著人就被大规模杀戮过。据此设想：15万年前或更晚的时间里，类似的杀戮在非洲、欧洲和亚洲同样发生过。暴力假说直到目前没有

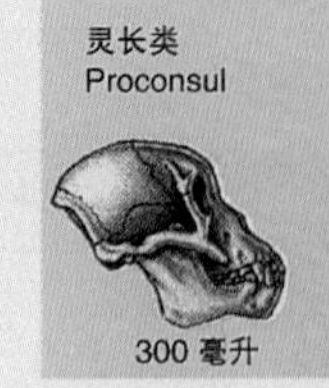

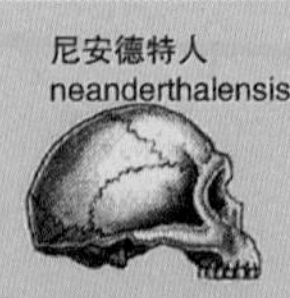
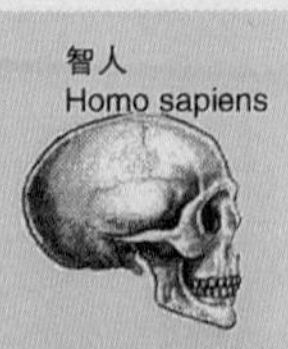

从猿到人进化过程中脑的容量不断增多

面花

俗称花馍，既是食品又是艺术品，在大荔一带的陕西关中农村流传甚广，相传是古代金石礼品和图腾演化的产物。

任何证据。另一种解释是和平竞争说。美国纽约州立大学的人类学家通过计算机模拟发现，一个群体只要有2%的优势，就能在1000年内消灭另一个群体。这种消灭和暴力无关，是和平进行的，例如，优势群体可能仅仅比另外的群体更会找食物。

两种关于现代人起源的假说针锋相对，争论非常激烈。许多考古学家更愿意相信“多地区进化假说”。这种观点认为现代人是由世界各地的直立人分别进化出来的。分子生物学家则更愿意相信“非洲起源说”，这种观点在分子遗传学方面有引人注目的证据。如果现代人和早期智人（如“大荔人”）有遗传方面的关系，那么有些人的细胞内就会有不同于现代人的线粒体DNA，因为线粒体DNA只通过母系遗传。按照分析，现代人的祖先可以追溯到大约15万年前的一个女人，这个女人住在非洲，但是，通过对世界各地4000多人进行的检测，没有发现他们的线粒体DNA有不同之处。

如果我们相信“多地区进化说”，“大荔人”就是我们的祖先；如果我们相信“非洲起源说”，“大荔人”就是我们祖先的敌人。在争论远未有结果之前，摆在我们面前的“大荔人”头骨究竟是不是我们的祖先，就一直会是一个谜。

>>>阅读指南

安家媛：《北京人的发现——中国重要的古人类遗址》。天津古籍出版社，2008年1月。

张之恒、黄建秋、吴建民：《中国旧石器时代考古》。南京大学出版社，2003年5月。

>>>寻踪觅迹

“大荔人”遗址 位于陕西大荔县段家乡解放村。大荔县还有沙苑、梁家坡等古文化遗址。

47. 南方始祖“马坝人”

“马坝人”的发现地狮子岩
由一高一矮两座外形貌似狮子的石灰岩孤峰构成，山峰内洞穴纵横，洞中套洞，穴中有穴，呈现一派溶洞奇观。

1958年，广东曲江县马坝乡农民在狮子岩附近烧制土磷肥时，在溶洞中的一条山石裂缝中发现了“马坝人”的头骨化石。这块化石是一个头骨的颅顶部分，属一中年男性个体。“马坝人”是中国东南地区旧石器时代中期的人类，属于早期智人，其年代距今约为12.6万年。

在狮子岩石灰岩溶洞中，伴生的脊椎动物化石有鬣狗、大熊猫、貘、剑齿象等19种。

“马坝人”的长相表现出和直立人类似的原始性质，但他的颅骨骨壁较薄，颅穹窿较为隆起，脑量估计超过“北京人”，具有智人的进步性质。“马坝人”是直立人转变为早期智人的重要环节，是介于中国猿人和现代人之间的一种古人类，对于研究中华始祖在中国南方地区的演化具有重要意义。

>>>阅读指南

宋兆麟、冯莉：《中国远古文化》。宁波出版社，2004年12月。

王幼平：《中国远古人类文化的源流》。科学出版社，2005年3月。

>>>寻踪觅迹

马坝人博物馆 在广东曲江县马坝乡狮子岩遗址风景区内，附近还有新石器晚期的石峡文化遗址。

48.“许昌人”挑战“非洲起源说”

新发现的“许昌人”头骨化石

2008年1月，中国宣布发现了“许昌人”。经拼贴复原后几乎完整的“许昌人”头骨化石，是继“北京人”之后我国古人类研究的又一重大发现，填补了中国现代人类起源中的重要一环，向“人类非洲起源说”发出了挑战。

“许昌人”的发现纯属偶然。1965年春，中国科学院古人类研究学者在河南许昌市灵井镇一个村民掘井挖出的堆积物中，采集到一批动物化石和打制石器，认为属中石器时代。这引起了考古界的重视，灵井遗址被列为许昌市级文物保护单位。“灵井”井水其实是从十几万年前就开始流淌的地下泉水，几乎没有干涸过。由于埋藏文化遗物的地层被积水浸泡，长期以来无法进行考古发掘。2005年4月，遗址西南约7千米的一家煤矿透水，致使包括灵井在内的几处泉水骤然断流，接着积水循泉眼回流，地下水位下降，原生地层出露，实属千年一遇的天赐良机。考古工作者迅速进行发掘，“许昌人”就在这种情况下耀然面世。

“许昌人”有顶骨和枕骨、颞骨化石共计16块，提供了距今8万年至10万年间古人类的大量准确数据，填补了之前这一时间段古人类考古数据的空白。更令人兴奋的是，“许昌人”头骨内侧还附着有类似脑壳内膜的组织，科学家可以据此研究旧石器时代祖先的脑部神经。遗址还发掘出土石器和牛、马、鹿、犀等动物骨骼化石约3万件，其中包含大量古人类的行为信息。

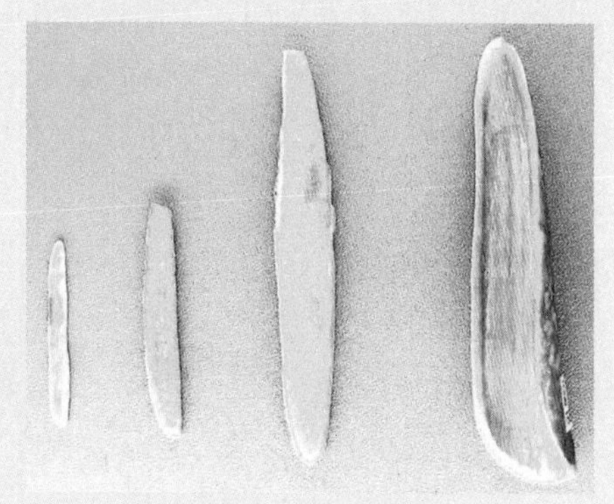

“许昌人”遗址发现的万年前的牙针（锥）

“许昌人”染色用的赭石（颜料）

年前的“蓝田人”、70万年至20万年前的“北京人”、20万年至10万年前的“金牛山人”，以及4万年至1万年前的“山顶洞人”等。但这个进化体系却存在着关键缺失——没有距今10万年至5万年间的人类化石，而这一时期恰恰是现代人起源的关键时期，即“非洲起源说”推断非洲智人走向世界、取代各地早期智人的关键时段，这个环节如果不能填补，就难以肯定在此以前中国大陆上的古人类就一定是我们的祖先。“许昌人”被断代为距今10万年至8万年，恰好弥补了中国现代人起源研究的最重要缺环。

“许昌人”向“非洲起源说”发出了全面挑战。直接挑战是对基因（DNA）研究而言。多年来，“现代人来自10万年前的非洲移民”之说，一再得到所谓基因研究的科学证明。基因研究的第一条

从目前出土的石器判断，这里活动的古人类并未受到外来猿人的影响。

关于现代人类起源，国外一直流行“非洲起源说”，认为中国的“北京人”等在距今约20万年左右消失了，现代中国人及中国的晚期智人如“柳江人”和“山顶洞人”等，都是来自非洲的人类后代。由于在非洲以外的其他地区，距今10万年左右的人类化石非常稀少，直接影响到现代人类起源的研究。

越来越多的事实证明，中国现代人是在自己的土地上一步步进化而来的。中国不仅发现了距今800万年、比非洲古猿更靠近人类的腊玛古猿头盖骨化石，还发现了距今200万年前的“巫山人”、80万

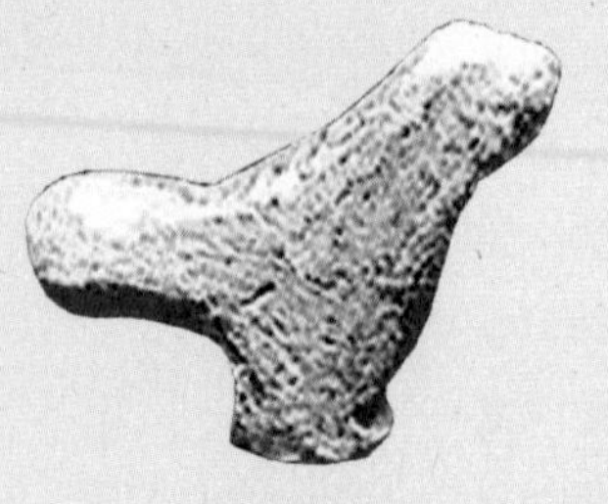

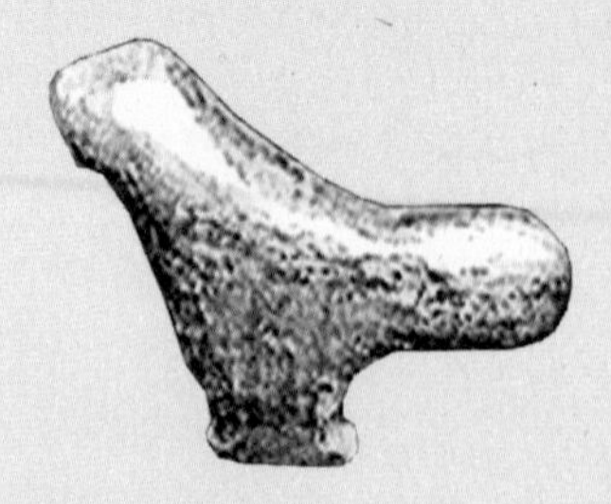

灵井“许昌人”遗址发现中国最早的立体雕刻鸟石器

“许昌人”的细石器

就是对存在事实做观察，在“许昌人”实物面前，原先的基因科学证明发生了严重危机，或者说出现了学术思路是否正确的严重问题。谁能发现问题在哪里并解决问题，就有可能给基因学带来突破性的贡献。

再一个挑战是理论性的，譬如对“进化树”的挑战。达尔文提出的进化论被严重歪曲，几乎成了某种科学教条。达尔文做的事情是在生物方面对事实发现做系统的排列性描述，并没有讨论谁先谁后或谁来自谁的时间关系问题，更没有描述谁创造了生命和怎么创造的。严重歪曲达尔文学说的科学代表就是“达尔文树”，即基于生命单源说和带有强烈时间关系的“进化树”。不仅“许昌人”粉碎了现代人单源说，其他发现也对各种各样的生物单源说发出了挑战。这些发现也许能用来恢复达尔文进化论的本来面目。

科学是谨慎的。专家们推测了“许昌人”的几种可能身份：一是从“北京人”一直延续下来的中国人种中的一环；二是从非洲来到亚洲的非洲人，也有可能是两个人种杂交后的“新人类”。一些中国专家经过多学科研究，倾向于第一种说法，不仅是因为“许昌人”化石信息含量的一致性，遗址中出土的大量石器、骨器也都是本土文化面貌，少见外来因素的影响。

“许昌人”究竟是“北京人”的后代，还是非洲人的后裔，或是两个人种的混血儿，终有一天会水落石出。

>>>阅读指南

闫向东：《中国考古学研究的世纪回顾——旧石器时代考古卷》。科学出版社，2004年5月。

杨明波：《人类的起源》。岳麓书社，2003年8月。

>>>寻踪觅迹

河南许昌市 历史悠久，人杰地灵，三国文化特别丰富，是“三国文化旅游圈”的重要城市之一。

49. 草原上出色的猎人——“许家窑人”

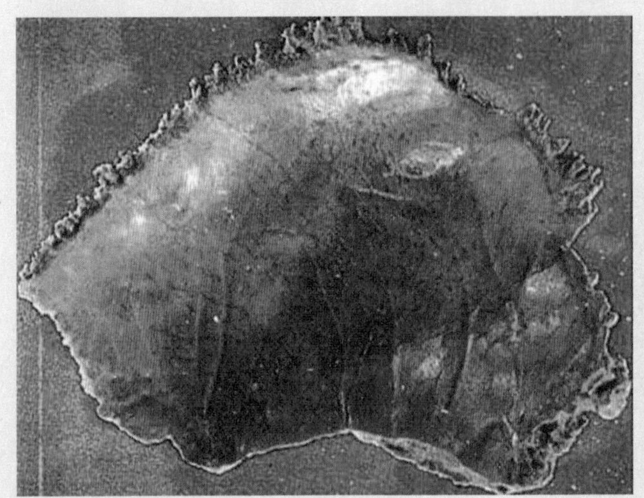
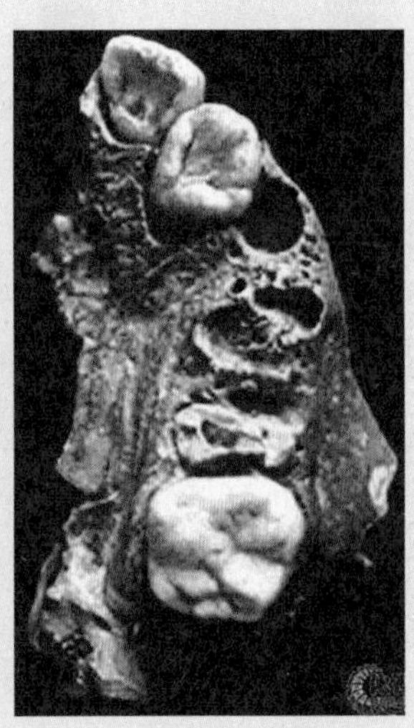

“许家窑人”化石

时空穿行，历史推进到12万年前，在中华始祖的家谱上出现了“许家窑人”。

1974年，在与河北省交界的山西阳高县许家窑村梨益沟西岸的断崖上，发现了古人类文化遗址。经过多次发掘，共获得古人类化石17件，还有大约2万块的石片、石器和大量骨器。

“许家窑人”的石球

“许家窑人”是中国北方发现的早期智人化石之一，其特征介于“北京人”和现代人之间。著名古人类学家贾兰坡认为许家窑文化在细石器技术传统上是“北京人”文化和山西“峙峪人”文化之间的重要环节。考古学家推测，“许家窑人”是“北京人”的后裔，大约

"许家窑人"遗址附近的地貌

"许家窑人"生活的地方曾经有烟波浩渺的古大同湖，四面环山，湖畔是辽阔的草原。随着地壳运动，大湖在数万年前完全干涸，并逐渐变成绵延起伏的丘陵或大小各异的台地，沟壑交错，地层分明。

在10万年前迁徙西行，遇到山西古大同湖，遂定居下来。这一发现弥补了从"北京人"到"峙峪人"之间人类遗迹的空白。

许家窑遗址的显著特色是发现了1000多个石球，最大的重达1500克以上，最小的不足100克。遗址中还发现了丰富的哺乳类动物化石，动物骨骼多半被砸碎，加上石器中有上千件可能是充当打猎武器的石球，还有钻具、锯齿刃器等肢解猎物的工具，说明"许家窑人"是草原上出色的猎人。

>>>阅读指南

郭伟民：《原始社会文物故事》。湖南少年儿童出版社，2002年3月。

谢飞：《泥河湾》。文物出版社，2006年12月。

>>>寻踪觅迹

许家窑人遗址 位于山西阳高县古城镇许家窑村。临近的河北阳原县泥河湾遗址群有众多早期人类文化遗存，出土古人类化石、动物化石、各种石器达数万件。

50. 以三枚牙齿轰动世界的“丁村人”

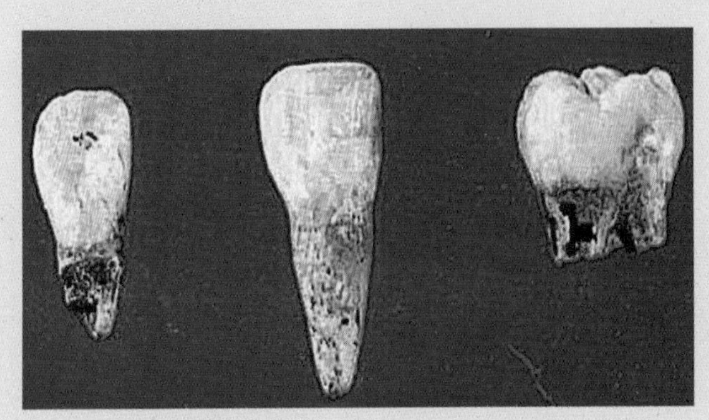
“丁村人”的三颗牙齿

1954年10月，山西襄汾县丁村，三枚古人类牙齿陆续出现在考古人员的面前。一时间，著名考古专家纷纷云集丁村参观考察。一个月时间只发现三枚牙齿有什么大惊小怪的？千万不要小看这三枚牙齿，它们确实令世人刮目相看。

三枚牙齿很快就走出汾河边上的荒滩，随考古专家来到了北京的实验室。紧张的测试研究很快有了结论：这是同一个人的牙齿，是个少年，年龄只有十二三岁。其中臼齿的间沟为十字形，这种结构的牙齿中国人最多，占了此类牙齿比例的81%。另外两枚牙齿被定为铲型门齿，它们既有“北京人”的特征，也有现代黄种人的特征，而与白种人的门齿特征差别极大。显然，这三枚牙齿是中国人的牙齿。

“丁村人”的体质形态比“北京人”进步，时代晚于“北京人”，是介于“北

丁村遗址共发现旧石器2000多件，其中以三棱大尖状器最有特点，被命名为“丁村文化”

“丁村人”的发现地山西襄汾县丁村保存有大片明清时期的古建筑群

京人”和现代黄种人之间的中间环节，具有与现代人相似的性质。生活在汾河岸边的“丁村人”距今10万年左右，也就是说，他介于“北京人”和“山顶洞人”之间，正好弥补了距今23万年到1.3万年间的中国古人类断代空白，并向世界宣告：中华始祖一脉相承。

经过几十年、几代考古工作者对丁村遗址的发掘和研究，丁村遗址扩及汾河两岸，地点多达30多个，涉及旧石器时代早期、中期和晚期，是一个大型的旧石器时代文化遗址群。“丁村人”的年代也不是以前所说的十几万年前，而是从几十万年前就开始了，一直承袭至新石器时期。在古土壤地层里，还发现了“丁村人”遗留的石制品，这意味着将来有望找到“丁村人”的生活足迹。

“丁村人”的砍砸器

>>>阅读指南

陶富海：《中国老村——丁村》。江苏教育出版社，2005年9月。

赵端民：《拂去历史的尘埃——考古寻踪》。山西人民出版社，2003年11月。

>>>寻踪觅迹

丁村 在山西襄汾县，除了“丁村人”遗址，丁村至今比较完整地保存着明清年间所建的院落30多座，反映当时北方农村的村庄格局。村内还有民俗博物馆。

51. 河套“现代人”

“河套人”文化遗址区萨拉乌苏河沙漠大峡谷

全长约百里，地貌奇特。峡谷两岸沙山连绵，狭长蜿曲的沟湾内崖陡壁立，人迹罕至，自然风光神奇瑰丽。

现代人最早起源于哪里？人们把目光投向了“河套人”。

“河套人”文化遗址位于内蒙古乌审旗河南乡境内。从上世纪 20 年代初起，在乌审旗大沟湾一带，陆续发现了古人类的额骨、顶骨、枕骨、单个门齿、下颌骨、椎骨等化石。其中以一枚左上外侧门齿为代表，牙齿的大小和现代人相似，保存得很好，无磨蚀痕迹，齿根尚未生长成熟，是一个八九岁幼童的牙齿。

“河套人”的体质特征接近现代人，在人类进化阶段属晚期智人，大约生活在距今 5 万年至 3.5 万年前。

在上世纪 20 年代以前，由于没有发现确切的与古人类活动有关的资料，中

>>>阅读指南

高毅：《鄂尔多斯史海钩沉》。文物出版社，2008 年 11 月。

陈雪良：《中国人从哪里来》。文汇出版社，2007 年 3 月。

“河套人”遗址(也叫萨拉乌苏文化遗址)示意图

国及亚洲地区究竟有没有以旧石器时代考古学文化为标志的早期古人类活动行踪，一直是个悬而未决的问题。“河套人”的发现，拉开了亚洲古人类学、旧石器时代考古学研究的帷幕。此后，“北京人”、“山顶洞人”等相继被发现，使中国成为世界古人类四大进化链之一。

“河套人”遗址是中国境内最早发现的旧石器时代遗存。我国古人类学家吴汝康认为，“河套人”化石的形态，可能比西欧典型的尼安德特类型的人类更接近现代人，也更可能是现代人的祖先。同时，“河套人”作为鄂尔多斯草原文化的人文始祖，为探讨中华始祖的多元起源提供了追本溯源的科学依据。

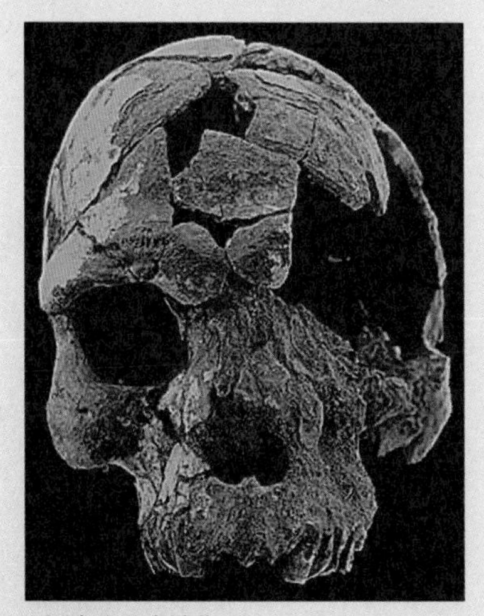

“河套人”头骨化石

“河套人”遗址的雕塑

>>>寻踪觅迹

萨拉乌苏文化遗址 “河套人”创造的物质文化现在被称为萨拉乌苏文化，由清水沟湾、滴哨沟湾、范家沟湾、大沟湾等八个地点组成，位于内蒙古萨拉乌苏河流域。

52. 走向现代的“山顶洞人”

从复原模型看，“山顶洞人”的外表与现代人十分相像

从猿到人的分道扬镳，“山顶洞人”可以说是与现代人最接近的中华始祖之一。

“山顶洞人”1933年出土于北京周口店的山顶洞，当时人们在山洞里发现了三具完整的人头骨。“山顶洞人”年代距今约三万年左右，属于晚期智人，仍保留一些原始性状，如头骨比较低平，眉弓比较发达等，但总体看来已经与现代人没有太大差别。“山顶洞人”具有较多的蒙古人种特征，如颧骨较大而且向前突出，鼻骨低而宽，鼻梁稍凹，上门齿成铲形等，被看作是正在形成中的中华始祖蒙古人种的北方型代表。

“山顶洞人”处于母系氏族公社时期，女性在社会生活中起主导作用，按母系血统确立亲属关系。一个氏族有几十个人，他们共同劳动，共同分配食物，没有贫富贵贱的差别。“山顶洞人”仍用打制石器，但已掌握磨光和钻孔技术。他们会人工取火，靠采集、狩猎为生，还会捕鱼。把生产活动范围扩大至水域，

>>>阅读指南

吴新智主编：《人类进化足迹》。江苏人民出版社，2008年5月。

王玉哲：《中国远古史》。上海人民出版社，2003年。

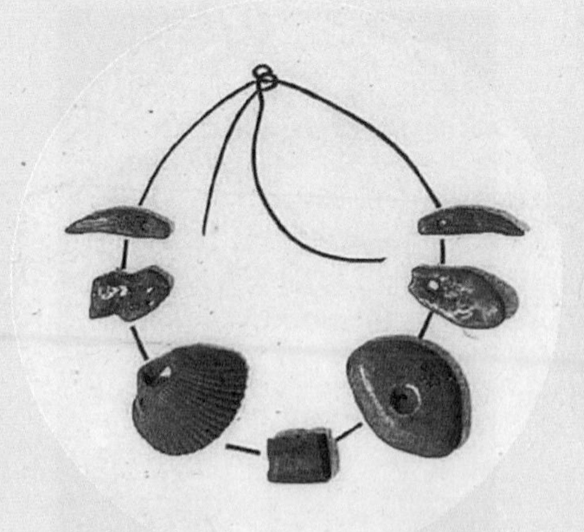

“山顶洞人”的装饰项链

“山顶洞人”的生活情景

标志着人类认识和利用自然能力的提高。

山顶洞是“山顶洞人”居住和埋葬死者的地方，出土了近50种动物化石和丰富的装饰品、骨器、石器等文化遗物。“山顶洞人”的装饰品相当精彩，有穿孔石珠、小卵石、海蚶壳、兽牙和刻沟骨管等，有些饰物的孔内还残留着用赤铁矿研磨的红色粉末。“山顶洞人”还会用骨针缝制衣服。

“山顶洞人” 制作的服饰（仿品）

各种迹象表明，“山顶洞人”已经有了审美观念和原始的宗教信仰。

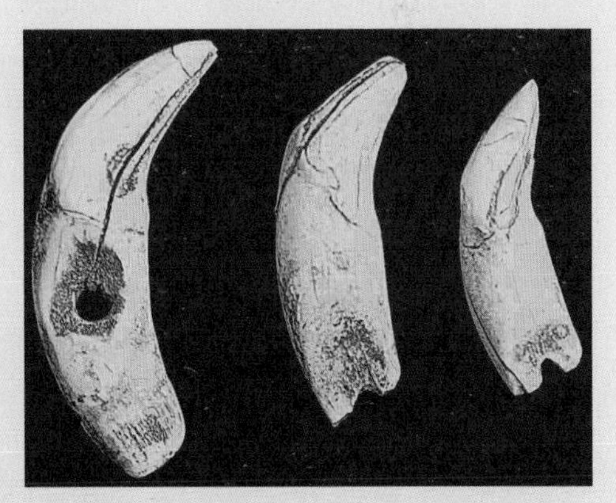

“山顶洞人”钻孔的动物牙齿化石

>>>寻踪觅迹

山顶洞　位于北京周口店龙骨山“北京人”遗址顶部。

53. 林场工人发现“田园洞人”

许多考古发现都带有偶然性，“田园洞人”的发现就是一例。2001 年春季，天气干旱少雨，为了找水打井，北京周口店遗址以南约 5 千米的黄山店村田园林场附近，林场职工挨着山沟寻找水源，结果找到一个“滴着水的山洞”，洞内看起来很幽深。大家兴高采烈地在洞里挖了起来，一锹一锹的土被送出洞外。挖了一米多深，“咣”的一声，一位工人的铁锹好像碰到石头，挖出来一看，竟是一块骨头！越往里挖，骨头就越多。“这里离周口店遗址这么近，会不会是化石？”大家一商量，认为应该请专家鉴定一下。于是，这些“骨头”被送到中科院古脊椎动物和古人类研究所，“田园洞人”的面纱随之被揭开。

为了探明田园洞是否包含更多的动物化石和人类遗存，周口店古人类学研究中心对其进行了考古发掘。2003 年 6 月出土了一些古人类遗骸。这些人类化石距今 2.5 万年左右，属于晚期智人。在出土的动物化石中，已鉴定出哺乳类动物化石 26 种，有鹿类、豪猪等，它们生活在距今 10 万年到 1 万年之间。在田

北京周口店龙骨山上的洞穴是古人类的家园

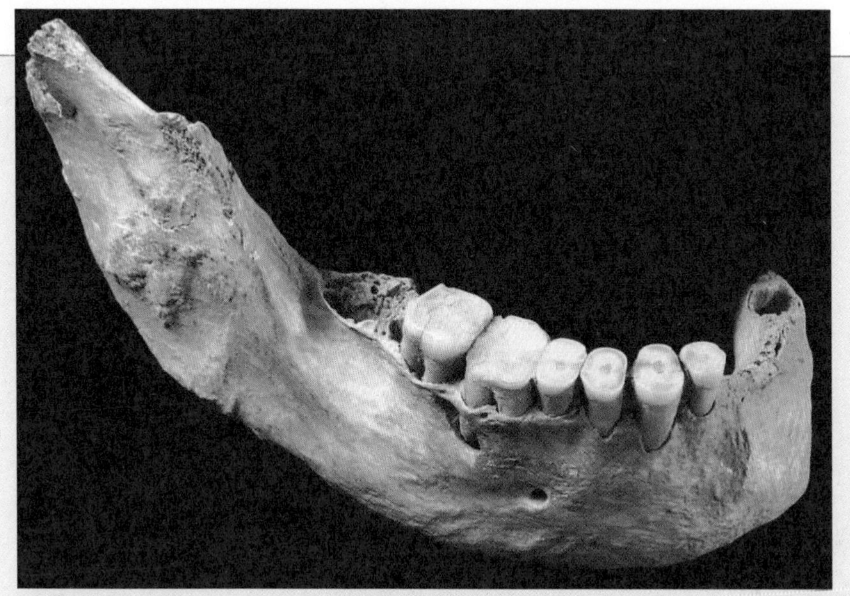

“田园洞人”下颌骨化石

园洞发现的哺乳类动物群中，有 63% 曾出现在山顶洞动物群中。

同位素初步测定结果表明，田园洞人类化石的时代约与“山顶洞人”同期，是迄今在欧亚大陆东部发现的最早的现代型人类遗骸，不仅对东亚地区现代人类演化研究具有重要意义，对中华始祖的演化研究也具有不可替代的作用。

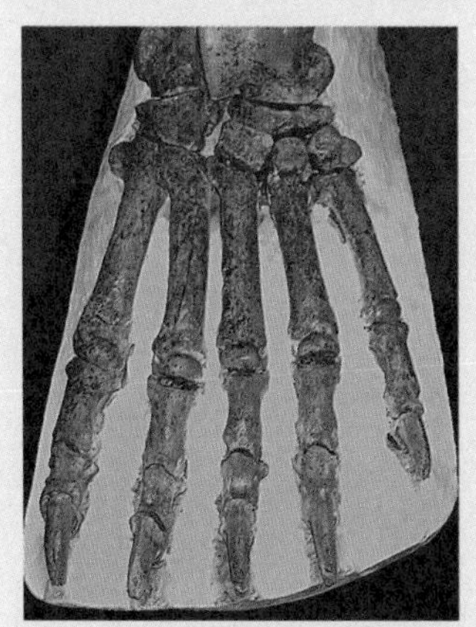

北京周口店地区发现的距今约 10 万年的棕熊脚骨化石

北京周口店地区出土的含有破碎动物化石的角砾堆积物

>>>阅读指南

国家文物局：《2003 中国重要考古发现》。文物出版社，2004 年。

侯书森：《古老的密码——破译远古文明的方法》。中国城市出版社，2003 年 9 月。

>>>寻踪觅迹

田园洞 位于北京周口店遗址区西南。

根的记忆

稷神崇拜图

江苏连云港市将军崖岩画，是一组植物身人面形的阴刻画，“人面”与草状物相连，犹如植物结的果实。

54. 中华文化最古老的样本

带足的石磨盘和石磨棒

裴李岗文化的代表性器型，是用来碾去粟皮壳的原始农业加工工具。河南新郑博物馆藏。

20世纪50年代初，河南新郑裴李岗村村民经常发现一些形状奇特的石磨盘、石磨棒、石铲、石斧、陶壶等，它们有的是被滂沱大雨冲刷出来的，有的是犁地时翻出来的，有的是取土时挖出来的。村民们把这些东西搬回家充当捶布石、洗衣板或用来垫猪圈、垒院墙，谁也没想过它们究竟是何物，为什么地里会有这些奇怪的东西。60年代以后，新郑附近又经常发现石磨盘之类的器物。1965年新郑西河李村（即裴李岗村）一次就出土十多套石磨盘、石磨棒，这引起了考古学界的注意，考古工作者开始把目光投向这个不起眼的小村落。1977年，因首先发现于河南新郑市裴李岗村而得名的裴李岗文化撩开了它神秘的面纱。

裴李岗文化是中国黄河中游地区的早期新石器文化，主要分布在河南中部，以裴李岗出土文物为代表，是目前已知的华北地区最早的新石器文化，年代距今约8000年至7000年。

出土文物向我们展示了裴李岗文化先民的生活场景：他们主要依靠农业生

>>>小贴士

新石器时代 考古学上以使用磨制石器为标志的人类物质文化发展阶段，年代大约从1.8万年前开始，结束时间从距今5000多年至2000多年不等。中国新石器时代大约从公元前1万年开始，大致分为早期（前10000～前7000）、中期（前7000～前5000）、晚期（前5000～前3500）。

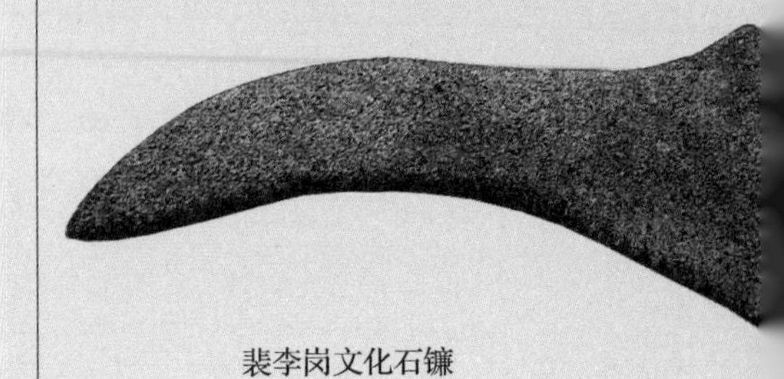

裴李岗文化石镰

存，用耒耜、石斧、石铲耕作，种植粟类作物，用石镰收割，用石磨盘、石磨棒加工粮食，还种植枣树、核桃树等；他们开始饲养猪、狗、牛、羊、鹿、鸡等家畜，也用鱼镖、骨簇从事渔猎生产；他们已有原始手工业生产，烧制的陶器以泥质红陶为主，也有少量夹砂红陶和泥质灰陶，陶猪头、陶羊头和陶人头等艺术品形象逼真；他们过着定居生活，住在半地穴式建筑里，用红陶壶盛水盛粮，用三足钵烧饭；他们创造了纺织技术，用陶纺轮和骨针等制作苎麻类衣服，而且制作技术有相当水平；他们还有简单的文化生活，在龟甲、骨器和石器上契刻符号式的原始文字；他们建有公共氏族墓地，小孩子死了装在瓮里安葬，成年人死了不分男女，一律头南脚北安葬……

这一系列前所未见的内容，以独特的面貌填补了我国新石器时代早期的一段历史空白，向世界展示了中华民族最早的生活方式和生活样本。

裴李岗出土的红陶双耳三足壶

红陶三足钵
裴李岗文化代表性陶器。郑州博物馆藏。

裴李岗文化红陶勺

>>>**阅读指南**

王玉哲：《中华远古史》。上海人民出版社，2003 年 4 月。

李友谋：《20 世纪中国文物考古发现与研究丛书·裴李岗文化》。文物出版社，2003 年 12 月。

>>>**寻踪觅迹**

河南博物院和新郑博物馆都收藏有裴李岗文化文物。

55. 粟与磁山文化

磁山文化陶器

民以食为天，中华民族的先民最早以什么农作物为生呢？磁山文化揭示的谜底是粟。

磁山属太行山脉，位于河北武安市，因山体铁矿石有磁性，引针不坠而得名。1972年发现的磁山文化遗址位于武安市磁山村东南的台地上，是一处距今约7300年的新石器时代早期文化遗址。

在考古发掘过程中，有一个奇怪的现象让众多考古专家深感疑惑，那就是几十个有规律地集中摆放在一起的劳动工具的组合体。这些组合体多由石磨盘、石棒、石铲、石斧、陶盂、支架等组成，每组一般四件，大多按生产工具（石铲和石斧等）、脱粒工具（石磨盘和石棒等）、炊具（陶盂和支架等）分组分类放置，摆放的次序非常明显。它们为什

>>>阅读指南

王玉哲：《中华远古史》，上海人民出版社，2003年4月。

刘勇、乔登云：《磁山文化》，花山文艺出版社，2006年11月。

么要这样摆？起什么作用？至今仍众说纷纭。

在半地穴式房屋的房基遗址器物中，有烧土一块，上有清晰可见的席纹，说明在7000年前这一带已能编制苇席。遗址中还出土了圭(guī)盘和占蓍(shī)草器，说明伏羲时代“作甲历，定四时”此时已初步形成。据史书记载，中华始祖伏羲的主要功德为结网罟(gǔ)、兴渔猎、养牺牲、充庖厨、画八卦、作甲历、定四时、建屋庐、始定居、造干戈、饰武功等。磁山文化遗址出土的器物与伏羲文化完全一致。

磁山与传说中女娲补天的凤凰山相距很近，这为女娲“积芦灰以止淫水”为何产生于此地做了解读。伏羲、女娲都与磁山文化有关系，这是偶然的巧合吗？

在磁山遗址内，分布着密密麻麻的坑穴，有圆形的、椭圆形的、长方形的；有的坑为灰坑，是先民们倾倒垃圾的地方；有的坑带台阶，坑底有一层硬面，是半地穴式茅草房的房基；那些深达数米的长方形坑穴，则是先民储存粮食的窖穴。考古工作者共发现了189个储存粮食的窖穴，形似袋状，深浅不一，最深的有5米。当地的土质极黏，先民们使用打磨的石斧、石铲挖出这样的窖穴，其坚韧的毅力和劳动强度令人难以想象。更令人惊讶的是，其中88个窖穴内竟堆积着粟灰，一般堆积厚度为0.2米至2米，有10个窖穴的粟灰堆积厚度达2米以上。刚出土时，部分粟粒用肉眼清晰可见。如果按照比重、体积推测，这些窖穴中储存的粟，至少有5万千克以上，这在当时简陋的生产条件下，几乎是不可想象的。这个发现一举改变了世界农

磁山先民的生活情景

磁山遗址出土的陶支脚及陶盂

磁山遗址出土的陶三足器

业史中粟起源于埃及、印度的说法，也把世界植粟的年代提前到了7000多年前。磁山先民在长期的采集活动中，先将山林砍倒焚烧，逐渐从“焚而不耕”的“火耕农业”阶段，进入了“翻土耕种”的“助耕农业”阶段，野生植物狗尾草被驯化成了栽培作物粟。

磁山还出土了狗、猪、羊、鸡等家禽骨骼。这里发现的鸡是迄今中国发现的最早的家鸡，也是世界上最早的家鸡。

磁山文化遗址出土的文物有三项“世界之最”：粟的发现证明黄河流域是世界上人工培植粟类最早的地方；家鸡骨的发现证明我国是世界上最早饲养家鸡的国家；出土的炭化核桃纠正了核桃是汉代张骞通西域时传入中国的说法，将中国产核桃的记载上推了5000多年。磁山文化为探讨中国农业、畜牧业的起源提供了重要线索。

>>>寻踪觅迹

磁山文化博物馆 位于河北武安市磁山文化遗址旁，展出磁山文化的相关文物。

邯郸市博物馆 有磁山文化专题陈列。

56. 中华文化圣地仰韶

人首器盖

甘肃出土，瑞典远东博物馆藏。

中华文化的博大精深在仰韶文化中已经崭露头角了。

1914年，瑞典地质学家安特生应中国政府之邀来华担任农商部矿政顾问，他也借此机会对中国的地质环境资源进行调查和研究。1918 年秋，安特生在河南省渑池县仰韶村附近发现了一批古生物化石以及“龙骨”。随后，他又派助手到仰韶村采集化石，从许多老乡家里收集石器，并且得知这些石器就出自村子旁边。1921 年，经过再次考察和仔细考订，安特生认为仰韶村下面有一个大规模的新石器时代人类遗存。经中国政府批准，安特生和我国考古学家袁复礼等一起对仰韶村进行了首次考古发掘，仰韶文化破土而出。

仰韶文化是距今约 6000 年至 5000 年的新石器时代文化，主要分布于黄河中下游，以陕西渭河流域、山西西南和

>>>小贴士

铜石并用时代 新石器时代和青铜时代之间的人类物质文化发展过渡性阶段。原始农牧业和手工业达到较高水平，主要工具和武器仍然是石器，兼有少量小型铜器；约距今 6600 年至 4600 年。中国黄河流域以粟、彩陶为重要代表的原始文化中，如红山文化、仰韶文化、马家窑文化、大汶口文化等，开始出现零星的铜器和冶铸铜器遗物。

陕西西安半坡遗址出土的人面鱼纹彩陶盆上的人面纹图案

陶釜与陶灶

河南三门峡市庙底沟遗址出土，是了解仰韶文化先民炊事的重要实物资料。

河南西部的狭长地带为中心，东至河北中部，南达汉水中上游，西及甘肃洮(táo)河流域，北抵内蒙古河套地区。至今已发现几千处遗址，发掘了一百多处，主要有半坡和庙底沟两大类型。

仰韶文化的社会经济比原始农业初期阶段有了较大的发展，人们过着比较稳定的定居生活。农业生产仍以种植粟类作物为主，一些遗址中发现了白菜或芥菜之类的菜籽炭化物，说明人们掌握了蔬菜种植技术；生产工具以较发达的磨制石器为主，采用刀耕火种和土地轮休的耕作方式；饲养猪、羊等家畜，兼营狩猎、采集和捕捞。遗址中普遍发现了石制、陶制网坠，彩绘陶器上画有渔网，说明当时已使用网捕方法。

仰韶文化的制陶业相当发达，有专门的窑场和作坊，特别引人注目的是陶器上精美的装饰图案，纹饰有绳纹、线纹、宽带纹、网纹、锥刺纹、指甲纹、几何图形纹、动植物纹等，形成独有的彩陶文化。在一些彩陶上还发现了几十种具有原始文字性质的刻画符号。

>>>阅读指南

赵会军主编：《发现仰韶》。中国国际广播出版社，2010年7月。

严文明：《仰韶文化研究》（增订本）。文物出版社，2009年9月。

人头形器口彩陶瓶

甘肃秦安大地湾遗址出土，是我国史前艺术中集彩陶、雕塑、造型艺术于一身的杰出作品之一。甘肃省博物馆藏。

马家窑文化彩陶

因首先发现于甘肃临洮县的马家窑村而得名，是仰韶文化向西发展的一种地方类型，距今5000多年。马家窑文化彩陶以橘黄陶上绘黑彩为主，纹饰以弧线漩涡纹为特点，图案之多，花纹之美，构思之妙，为世人瞩目。

仰韶文化时期的遗址一般位于河流两岸经长期侵蚀形成的阶地上，或在两河汇流处较高而平坦的地方，这里土地肥美，有利于农业、畜牧业，取水和交通也很方便，这是非常高明的生存策略。比较大的村落房屋有一定的布局，周围有围沟，村落外有墓地和窑场。陕西临潼姜寨仰韶文化村落遗址约有100多座房屋，分为五组围成一圈，四周有壕沟环绕，说明当时有较严密的氏族公社制度。

仰韶文化辐射区域广大，反映了中华文化的博大精深。它的发现，宣布西方学者“中国无石器时代文化”论断的终结，仰韶村文化遗址因此被中外考古界誉为中华“文化圣地”。

>>>寻踪觅迹

西安半坡博物馆　建立在半坡遗址上，收藏有遗址出土的近万件文物。半坡文化距今6000年左右。

青海柳湾彩陶博物馆　位于青海乐都县柳湾村。柳湾原始社会氏族聚落遗址距今4500年至3500年。在三万多件出土文物中，彩陶就有近两万件，是名副其实的“彩陶故乡”。

57. 向文明迈进的龙山文化

山东龙山文化蛋壳黑陶杯

中华民族的先民们在向文明迈进的过程中，龙山文化是一个关键时期。

1928年4月，清华大学国学研究院二年级学生吴金鼎到山东章丘县龙山镇东平陵进行假期野外考察。有一天，他途经龙山镇城子崖，不经意地回头一望，路沟边断崖的横截面引起了他的注意：阳光下，一条延续数米的古文化地层带清晰可见。于是，吴金鼎先后五次到城子崖实地考察，发现了大量色泽乌黑、表面光滑的陶片，这就是龙山文化的代表器物之一——黑陶。吴金鼎很快将自己的发现报告老师李济。李济是中国第一位人类学及考古学博士，被称为“中国考古学的奠基人”。1930年，李济主持了城子崖遗址的第一次大规模发掘，取得了石破天惊的重大成果——发现了龙山文化。

>>>阅读指南

张学海：《龙山文化》。文物出版社，2006年。

石舒波：《龙山春秋》。大象出版社，2008年9月。

山东龙山文化遗址出土的陶鬶(guī)

造型极为丰富，堪称艺术杰作，被认为是远古东夷人鸟图腾的证明之一。山东省博物馆收藏较多陶鬶。

龙山文化主要分布在黄河中游，根据各地的不同特点，分为若干类型。主要有：山东龙山文化，约前 2500 年至前 2000 年；河南龙山文化，约前 2600 年至前 2000 年；陕西龙山文化，约前 2300 年至前 2000 年；龙山文化陶寺类型，约前 2500 年至前 1900 年等。

陕西龙山文化白玉人头
陕西神木县石峁(mǎo)出土。
陕西历史博物馆藏。

龙山文化处于中国新石器时代晚期。这个时期中华先民的农业和畜牧业有了很大发展，生产工具的数量和种类增多，快轮制陶技术比较普遍，大大提高了生产效率。当时已进入父权制社会，私有财产已经出现，开始跨入阶级社会的门槛。同时，占卜等巫术活动也较为盛行。

黑陶是龙山文化的典型陶器，质地细腻，造型美观，龙山文化因此又有“黑陶文化”之称。山东龙山文化的蛋壳黑陶，薄如蛋壳，表面光亮如漆，是中国制陶史上的杰作之一。

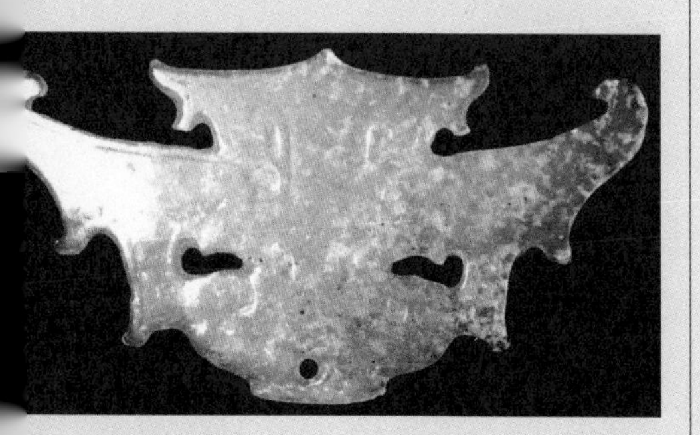

兽面形玉饰
山西襄汾县陶寺遗址出土。

龙山文化已出现城堡，在山东有城子崖龙山城址、日照尧王城遗址、寿光边线王城址、临淄田旺村城址等。

有学者认为，根据山西陶寺文化古人骨 DNA 的研究结果等推断：龙山文化的居民是现代汉族的父系远祖；龙山文化是汉族祖先华夏族部落的文化；传说中尧、舜、禹的活动和先秦文献记载的夏、商、周的立都范围，都处于龙山文化范围内，夏、商、周的文化渊源与龙山文化有承继关系。

>>>寻踪觅迹

城子崖遗址博物馆　位于山东章丘市龙山镇，除了山东龙山文化，还展示当地其他古代文物。

山东省博物馆、河南博物院、陕西历史博物馆等收藏有当地出土的龙山文化文物。

58. 夏文化的源头——河南龙山文化

黑陶盉(hé)形器

河南禹州瓦店龙山文化晚期遗址出土，河南博物院藏。

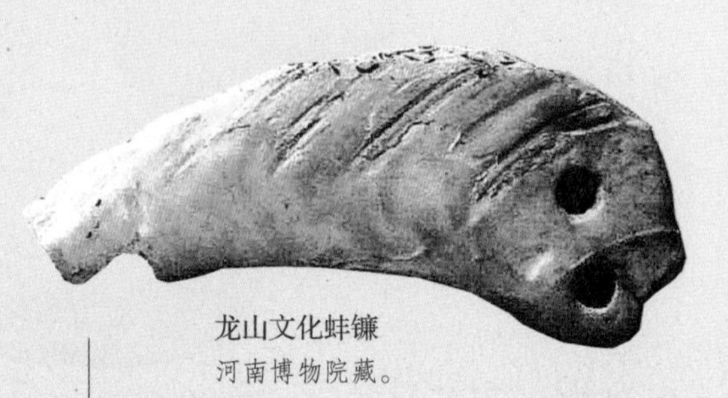

龙山文化蚌镰

河南博物院藏。

长期以来，夏文化的源头有没有考古资料作为证据，一直是人们争论的热点。河南龙山文化揭开了夏文化源头的面纱。

河南龙山文化主要分布在豫西、豫北和豫东一带，年代大约为公元前 2600 年至公元前 2000 年，突出特征是灰色陶器表面饰有绳纹与篮纹。

河南龙山文化的先民以农业为主，种植粟类作物，家畜以猪最为普遍。他们住的多是地面涂抹白灰的建筑，周围有储藏东西的窖穴。在河南汤阴白营发

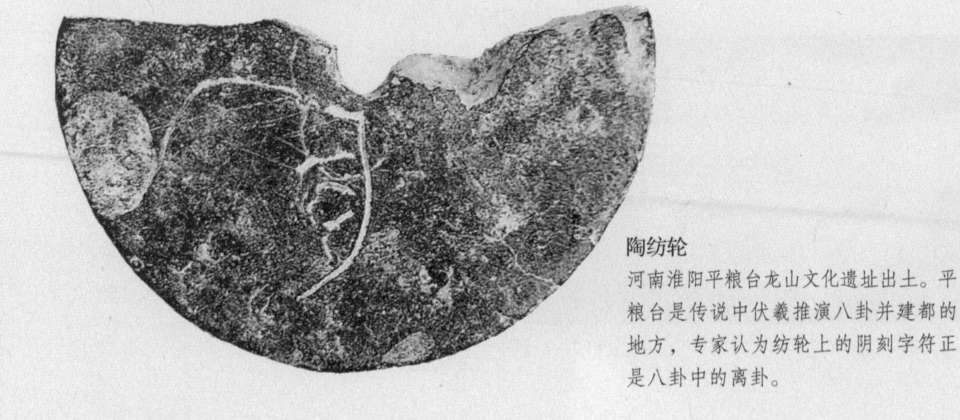

陶纺轮

河南淮阳平粮台龙山文化遗址出土。平粮台是传说中伏羲推演八卦并建都的地方，专家认为纺轮上的阴刻字符正是八卦中的离卦。

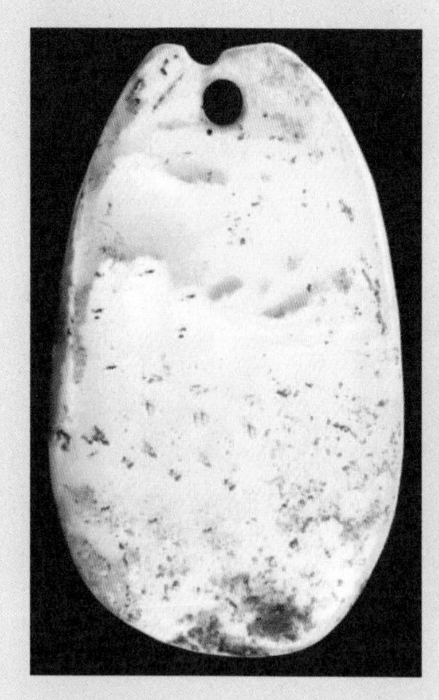

龙山文化玉饰

河南淅川县下王岗遗址出土，河南博物院藏。

陶排水管

河南淮阳平粮台古城遗址出土。可见4000多年前的中原古城已经有了先进的排水系统。

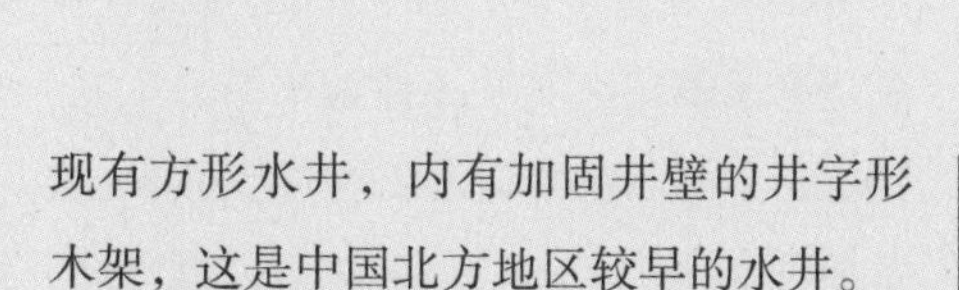

现有方形水井，内有加固井壁的井字形木架，这是中国北方地区较早的水井。

河南龙山文化处于父系氏族社会阶段，遗址中出现了埋在房基下的瓮棺葬，死亡的儿童应当是用来祭祀的牺牲品。在邯郸涧沟还发现圆坑葬，坑内埋有男性青壮年与儿童，有的头骨上留有被砍的痕迹，有人认为这反映出当时社会存在对立和斗争。河南龙山文化普遍发现用羊、猪、鹿和牛的肩胛骨加工制成的卜骨，表明占卜习俗盛行。

考古学家对河南登封王城岗遗址等龙山文化遗存进行了文化分期，并经技术手段测定，认为其晚期遗存应在夏代纪年之内。因此河南龙山文化是夏文化的直接源头，是中华文化的源头之一。

>>>阅读指南

王玉哲：《中华远古史》。上海人民出版社，2003年4月。

郑杰祥：《早期中国文明·新石器文化与夏代文明》。凤凰出版社，2005年4月。

>>>寻踪觅迹

河南博物院　收藏有河南龙山文化文物精品。河南各地的博物馆也收藏有本地出土的龙山文化文物。

59. 夏文化的开端——二里头文化

二里头遗址出土的龙形器

夏朝存在吗？这个曾经争论过半个世纪的问题，在河南偃师二里头找到了明确的答案。

1959年夏，中国科学院考古人员在传说中夏人活动的中心地区豫西开始了对“夏墟”的考古调查，偃师二里头被纳入他们的视线。这个看似普通的村庄下，却埋藏着中华民族的重大秘密：公元前19世纪至公元前16世纪，这里曾是中国第一个王朝的都城斟鄩(xún)所在地，上演过夏的繁荣和夏商王朝更替的壮阔史剧。

此后，中国三代考古工作者对二里头遗址进行了持续不断的发掘，发现了大型宫殿基址、大型青铜冶铸作坊、制陶制骨遗址，以及与宗教祭祀有关的建筑和四百余座墓葬，出土了成组的青铜礼器和玉器等，其中小件铜器如刀、爵、铃等，是中国迄今所见最早的青铜器。这证明了它是一处具有都城规模的遗址。二里头遗址和二里头文化成为公认的探索夏文化和夏商王朝分界的关键性遗址。

二里头宫殿复原图

考古工作者廓清了二里头遗址的范围，找到了遗址中部的井字形街道，勾勒出了城市布局的基本骨架，还发现了宫城城垣，证实了宫城的存在。纵横交错的中心区道路网，方正规矩的宫城和排列有序的建筑基址群，表明二里头是一处经缜密规划、布局严整的大型古代都邑，其布局开创了中国古代都城规划制度的先河。在宫殿区大路发现的车辙痕，是迄今所知我国最早的车辙遗迹，它将我国双轮车的出现时间上推至二里头文化早期。

二里头文化早期贵族墓出土了大型绿松石龙形器，由两千余片形状各异的细小绿松石片粘嵌而成，用工之巨、制作之精，是中国早期龙形象文物中十分罕见的。遗址中还发现了其他与龙有关的文物，如陶器、铜牌饰上的龙图像，有的像蛇，有的脱离了原始形态的蛇形象，有爪有鳍(qí)。在全国 250 处二里头文化遗址中，集中出土龙文物的只有作为都城的偃师二里头遗址，且都是出土在宫殿区及其附近的铸铜遗址、祭祀区等重要地点。

黑陶象鼻盉

二里头文化酒器，河南偃师出土。

二里头遗址出土的镶嵌有数百颗绿松石的兽面铜牌

数量可观的龙形象文物，昭示二里头文化正是夏文化的开端。

>>>阅读指南

严文明主编：《中华文明史》（第一卷）。北京大学出版社，2006 年 4 月。

许宏：《最早的中国》。科学出版社，2009 年 8 月。

>>>寻踪觅迹

河南偃师商城博物馆、河南博物院均收藏有大量二里头文化文物。

60. 用鱼和龟随葬的大溪文化

石刻人面像

出土于巫山大溪遗址一个儿童墓内，是一种护身符性质的形象化灵物。四川博物院藏。

重庆巫山县大溪镇西边有一条溪流注入长江，因水色如黛，名曰黛溪。黛溪汛期水势浩浩，因而又名大溪。著名的大溪文化就是因最早发现于此而得名。大溪文化是新石器时代晚期母系社会的重要遗迹，距今约 6500 年至 5000 年，其分布范围西越三峡到渝东，南到湘北洞庭湖一带，北到汉水中游的钟祥、京山，东到洪湖和武汉三镇。

>>>阅读指南

严文明主编：《中华文明史》（第一卷）。北京大学出版社，2006 年 4 月。

陈文：《三峡流年》。重庆出版社，2006 年 10 月。

大溪文化的先民们以农业为主，已开始种植水稻，在遗址残存的房屋建筑墙体和夹砂陶器中都发现有稻叶和稻壳等痕迹。遗址中还出土了猪、牛、羊等动物的骨骼，有些地段的文化层内夹杂较多鱼、龟、鳖、蚌、螺等水生动物骨渣和野猪、鹿、虎、豹、犀、象等兽骨，说明他们还从事渔猎和家畜饲养业。文化层中发现有很厚的鱼骨堆积，可见捕鱼在当时的三峡地区已成为主要的生产活动。由于大溪文化的分布区域都较为

巫山大溪遗址出土的陶响器

内有颗粒，摇动可发出响声，其中有两件还可吹响。

彩陶筒形器

大溪文化的代表性器物。巫山大溪遗址出土，四川博物院藏。

湿润，地下水位较高，因此其房屋建筑多从地面起建，有圆形半地穴式建筑和圆形、方形、长方形地面建筑。墙壁一般是在夹柱之间编扎竹片或树枝，里外抹泥，居住面下铺有较厚的红烧土垫层防潮。为适应多雨气候，有的房子还出檐或专设檐廊。

陶支座

巫山大溪遗址出土，重庆中国三峡博物馆藏。

大溪文化先民们的精神世界也颇有特点，这集中反映在仰身屈肢葬这一特殊的葬俗上。大多数墓有随葬品，女性墓较丰富，最多的有30余件，有的石镯出土时还佩戴在死者臂骨上。有几座墓里还发现整条鱼骨和龟甲，鱼放在死者身上、置于嘴边或垫在臂下，可见是随葬品。以鱼随葬的现象在中国新石器文化中很少见。

彩陶罐

巫山大溪遗址出土，四川博物院藏。

专家们认为，大溪文化分为两个阶段，早期为母系氏族公社的繁荣阶段，晚期为父系氏族公社的萌芽阶段。大溪文化是长江中游中华文化的一个源头。

>>>寻踪觅迹

重庆中国三峡博物馆和四川博物院均收藏有大溪文化文物。

61. 长江中游的文化源头——屈家岭文化

屈家岭出土的彩陶纺轮

1954年发现的湖北京山县屈家岭遗址，是一处以黑陶为主的文化遗存。屈家岭文化直接承袭当地的大溪文化发展而来，距今约5000年至4600年，大体与黄河中游的仰韶文化晚期和龙山文化早期相当。其分布范围较广，西越宜昌但未进入重庆境内，北达河南西南部的南阳地区，东未超出湖北境内，南达洞庭湖一带。

屈家岭文化的先民们以种植水稻为主，兼营畜牧与渔猎。遗址的许多房屋墙壁和红烧土块内，都发现夹杂有不少稻草和稻谷壳，还发现了猪、狗、羊等家畜骨骸。

蛋壳陶器和彩绘纺轮是屈家岭文化的特色陶器，说明当时江汉平原地区已具有较高水平的烧陶技术和纺织手工业。纺轮图案有同心圆纹、漩涡纹、对顶三

>>>小贴士

考古学文化的命名方法 （1）以首次发现的典型遗址所在地地名命名的最为普遍，如丁村文化、大汶口文化；（2）以文化分布范围命名，如多瑙河文化；（3）在发现地点名前加前缀，如河南龙山文化；（4）发掘地点中不止一个文化的，可对地名加后缀，以资区别，如庙底沟二期文化、青龙泉三期文化；（5）以特征遗物命名，如细石器文化、彩陶文化、黑陶文化、巨石文化；（6）以族别命名，如巴蜀文化。

有刻画符号的屈家岭文化高领罐

湖北天门邓家湾出土，荆州博物馆藏。

屈家岭文化陶支座
湖北省博物馆藏。

角纹、平行的短直线或短弧线纹、卵点纹等。

屈家岭文化出现了大型分间房屋建筑，一般呈长方形，有的呈里外套间式，有的各间分别开门通向户外。房屋多为地面建筑。基础部分先挖大浅坑，然后填入干燥的土，再铺撒红烧土或黄沙土以隔潮，表面再涂白灰面或细泥，并用火烘烤使之坚硬。有的房屋先挖墙基槽，然后立木柱建筑墙体，最后造房架。墙体有夹板堆筑和土坯垒砌两种构筑方法。屋顶为侧面起脊。在建房过程中，有时还把整条猪、狗埋在房基下作为奠基牺牲。多间式房屋的出现，显示出建筑技术的进步，同时可能反映了父系家族实行小家庭分居生活的情景。

屈家岭文化在长江中游经历了相当长的时期，是继大溪文化之后长江中游中华文化的又一个源头。

>>>阅读指南

张绪球：《20世纪中国文物考古发现与研究丛书·屈家岭文化》。文物出版社，2004年12月。

湖北省博物馆：《屈家岭——长江中游的史前文化》。2007年9月。

>>>寻踪觅迹

湖北京山县博物馆、湖北省博物馆、河南博物院等均收藏有屈家岭文化相关文物。

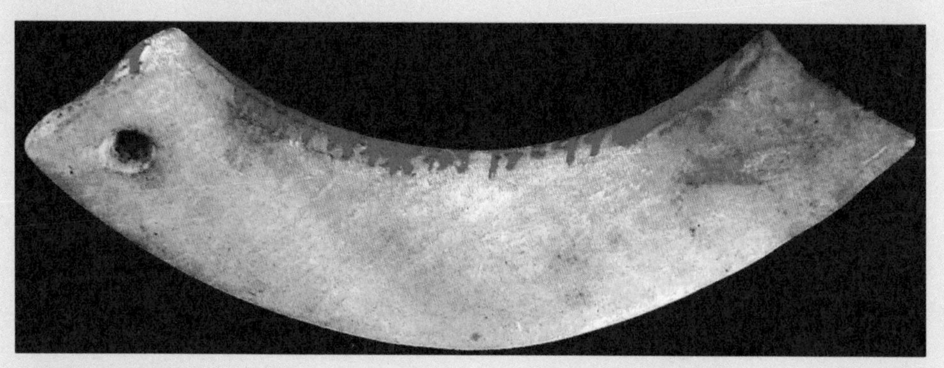

屈家岭文化玉璜
河南淅川县黄楝树遗址出土，河南博物院藏。

62. 河姆渡的绿色曙光

稻穗纹敛口钵
余姚河姆渡遗址出土。外壁刻有对称的稻穗纹，是最早记录人工栽培稻的器物，是河姆渡作为世界稻作文化发源地之一的物证。浙江省博物馆藏。

给以农为本的中华民族带来绿色文明曙光的太阳神是什么样的？浙江余姚河姆渡出土的一块蝶形象牙雕给人们做了展示——

一对利喙（huì）、长尾、昂首振翮（hé，翅膀）的巨鸟，从两边拱护着火焰熊熊的太阳，搏击升腾，运行苍穹。

这就是河姆渡文化中象征农业文明这绿色曙光的文化标志——“双鸟舁（yú）日”。

1973年6月，素以鱼米之乡称誉世界的江南水乡，春旱连着夏旱，土地龟裂，早稻歉收，晚禾又无法下种。为了把水位已降得很低的姚江水引入稻田，余姚县河姆渡村的农民挖深河道以安装水泵。这一挖，神话般地打开了河姆渡文化的大门，使得七千年前以稻作为文化特征的绿色文明曙光腾升于中华大地。

河姆渡文化遗址中最使人惊叹的是出土了大量的栽培稻谷，稻谷、稻叶、稻秆和谷壳等层层叠压，一般有二三十厘米厚，最厚的达七八十厘米。稻谷刚出土时呈金黄色，外形完好，连谷壳上

“双鸟舁日”象牙碟

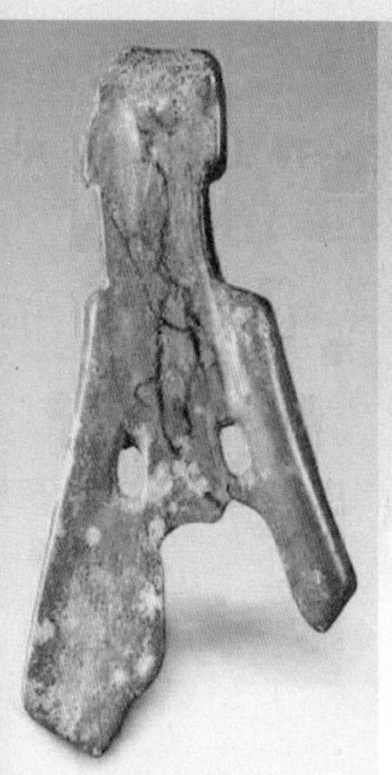
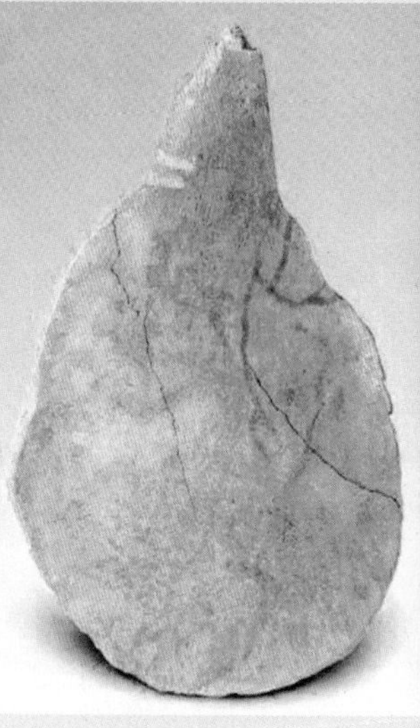

河姆渡遗址出土的骨耜

的稻毛和谷茎都清晰可见。不少炊煮用的釜底内残留的锅巴上还有炭化了的米粒和稻谷。专家鉴定这些稻谷都是人工栽培稻。有人曾经把这些水稻遗物换算成稻谷，竟有120吨以上。出土稻谷数量之大、保存之完好，在人类所创造的绿色文明中真可以称得上绝无仅有。

河姆渡文化遗址的另一个惊人发现，就是出土了176件骨耜。这些骨耜形状像现在的锹，是用牛、鹿的肩胛骨制成的。这么多骨耜显然是除草、翻土、平地、挖沟、排水等农活的主要工具。河姆渡还出土了木铲、鹤嘴锄和用动物肋骨制成的收割工具骨镰，以及加工谷物的木杵、石磨等。这一切都标志着河姆渡稻作农业已脱离刀耕火种的原始阶段，进入了耜耕农业阶段。

>>>阅读指南

孙国平：《远古江南——河姆渡遗址》。天津古籍出版社，2010年9月。

张东：《重回河姆渡》。上海古籍出版社，2010年8月。

展示河姆渡文化绿色曙光的重要出土文物还有干栏式木结构建筑。房屋有的长达23米以上，进深7米，带1.3米宽的前廊，每幢至少有七八间房，多的

复原的河姆渡干栏式建筑

鸟形盉

反映了河姆渡人对鸟的崇拜。余姚鲻山遗址出土，河姆渡遗址博物馆藏。

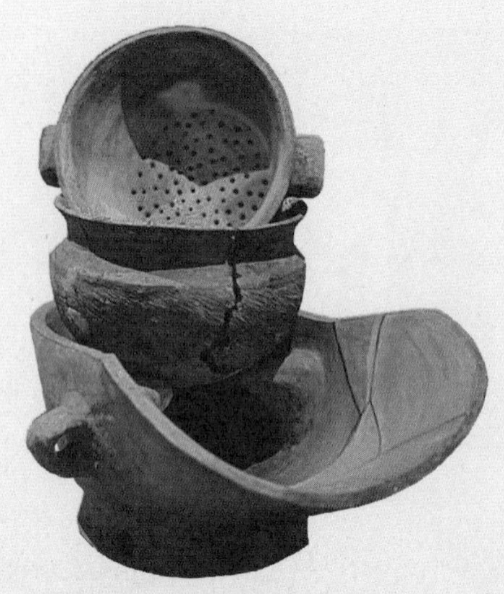

河姆渡人富有创意的灶具

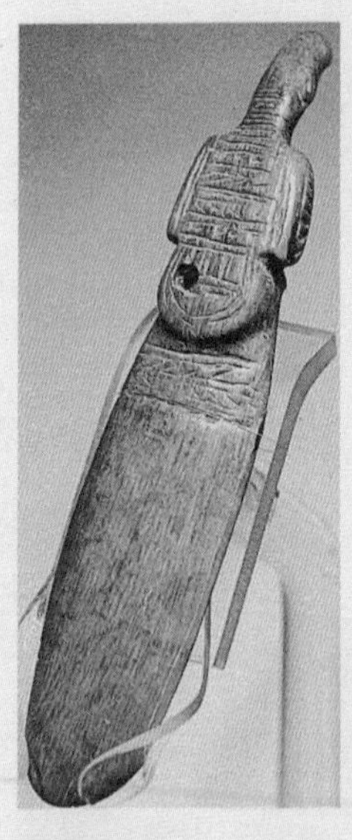

河姆渡遗址出土的圆雕鸟形象牙匕

有 50 间房。特别重要的是还出土了大量带有榫(sǔn)卯（mǎo）的木件，这表明河姆渡人已从捆绑建房向榫卯建房进化，开中华古典建筑木结构技术之先河。

在河姆渡的出土文物中，有许多刻画、雕刻或堆塑等工艺品。除“双鸟异日”外，还有形如匕首的鸟形象牙圆雕、连体双鸟纹骨匕柄、陶塑飞鸟和形如鸟首的陶器盖纽等。这些鸟纹与太阳形象共存的文化现象，表达了河姆渡人对决定农业命运的太阳的崇拜，也表达了人们对作为人与太阳之间使者的鸟的崇拜。

河姆渡遗址还出土了盖有井亭的水井，卷布棍、绞纱棒、梳经棒、纬刀、梭形器等纺织工具，陶釜、陶罐，瓜棱形木胎漆碗以及舟楫等。这些都表明中华文明历史悠久，长江流域与黄河流域都是中华民族的摇篮。

>>>寻踪觅迹

河姆渡遗址博物馆 展出河姆渡文化重要遗址的遗物，全面反映了我国原始社会母系氏族时期的繁荣景象。此外，浙江省博物馆也收藏有河姆渡文化文物。

63. 江南文化的源头——马家浜文化

1959年初春，浙江嘉兴市南湖乡马家浜自然村农民在挖坑沤肥时，沉睡地下几千年的大量兽骨和古代遗物被发现，马家浜文化因而得名。

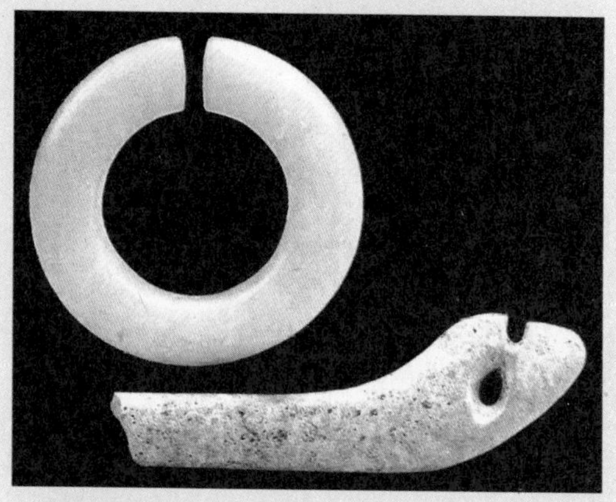

玛瑙玦和玛瑙璜

浙江嘉兴吴家浜遗址出土，嘉兴市博物馆藏。

马家浜文化主要分布在长江下游的太湖地区，是新石器时代早期文化，年代距今约 7000 年至 6000 年，被誉为“江南文化源头”。

马家浜文化先民主要从事稻作农业，兼营采集、饲养家畜与渔猎。他们普遍种植籼(xiān)稻和粳(jīng)稻，浙江桐乡罗家角遗址出土了距今 7000 多年的人工栽培籼稻和粳稻，是世界上迄今发现的栽培水稻最早的地方，从而证实了中国是世界上最早人工栽培水稻的国家。

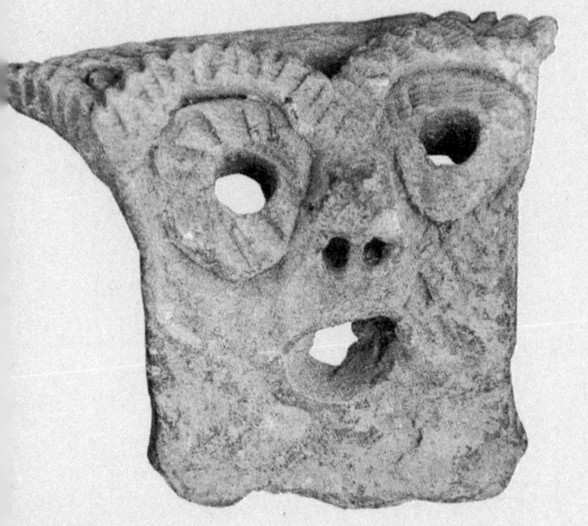

陶塑人脸

浙江桐乡市罗家角遗址出土。

马家浜先民的村落都靠近山丘或建在高地上。房屋有圆形和长方形两种。

>>>小贴士

放射性碳素断代 利用死亡生物体中碳 - 14 不断衰变的原理进行断代的技术，是考古上应用最广泛的一种测定年代的方法。其原理是：宇宙射线与地球大气发生作用产生中子，中子与氮发生反应，产生放射性同位素碳 - 14。碳 - 14 与氧结合，通过光合作用被植物吸收作为养料，因此所有生物体内都含有碳 - 14。生物死亡后，其体内的含碳物质停止与大气交换，碳 -14 按衰变规律减少。因此只要测出标本中碳 -14 减少的程度，就可以推算它死亡的年代。

高把豆

马家浜文化典型器之一。浙江长兴县狮子山马家浜文化遗址出土。

马家浜文化鸟形盉

江苏苏州草鞋山出土。

建筑方法是在平地上立榫卯结构的木柱，在木柱间编扎芦苇后涂泥为墙；用芦苇、竹席和草束铺盖屋顶；居住面经过夯实，内拌有砂石和螺壳；有的房屋室外还挖有排水沟。

马家浜文化的手工业生产发展不平衡。制陶业比较落后，火候大多不高，陶质较软，宽檐陶釜、箅（bì）、三足壶形器等为其独特的炊具；葛麻纺织技术水平较高，江苏吴县草鞋山遗址出土的野生葛罗纹织物，是中国最早的纺织品实物之一；许多马家浜文化遗址都发现了制作精美的玉器，如玉环、玉镯等装饰品，直到今天，这类玉器仍是中国人的传统饰物。

马家浜文化先民盛行俯身葬，较为特殊的一种葬俗是死者头骨用陶器覆盖，或把头骨另放在陶器内。

马家浜文化上承余姚河姆渡文化，下启良渚文化，是一种与黄河流域原始文化不同的文化形态。到目前为止，长江流域及其以南共发现了2000多处新石器时代遗址，年限最早的是距今已有7000年的属于马家浜文化的罗家角遗址，说明长江流域和黄河流域同为中华文化的摇篮。

>>>阅读指南

王玉哲：《中华远古史》。上海人民出版社，2003年4月。

嘉兴市文化局编：《马家浜文化》。浙江摄影出版社，2004年9月。

>>>寻踪觅迹

浙江嘉兴市博物馆、桐乡市博物馆、江苏溧阳市历史陈列馆等均陈列有当地马家浜文化遗址出土的文物。

64. 良渚：中华文明起源的第一缕曙光

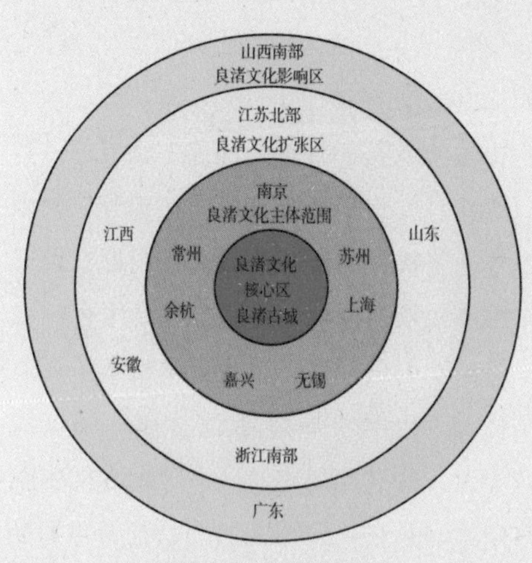

良渚文化的辐射区域

中华文明起源的第一缕曙光究竟从哪里升起？对于这个曾经引起人们广泛猜疑的大问题，良渚古城给人们透出了最新的信息。

要了解发现良渚古城的价值，就要先了解良渚文化。

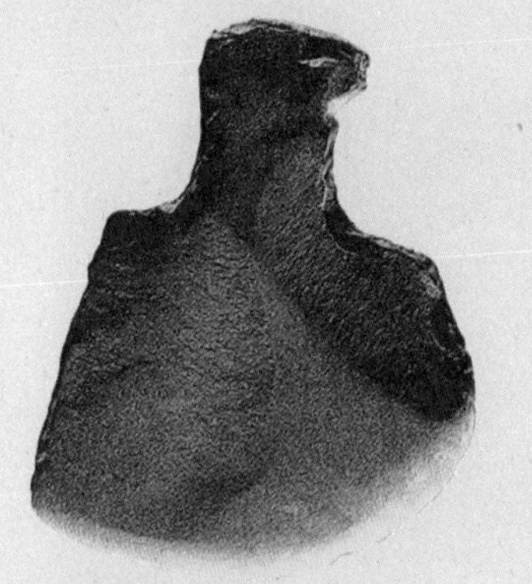

良渚文化遗址出土的农具

良渚文化是新石器时代晚期文化，距今约 5300 年至 4200 年，以太湖流域为中心，包括浙江余杭良渚和嘉兴南、上海东、苏州、常州、南京一带；往外有扩张区，西到安徽、江西，往北一直到江苏北部，接近山东，良渚人曾经为了占领这里，还打了一仗；再往外，还有影响区，一直到山西南部一带，其范围约有半个中国之大，而源头则是马家浜文化。

良渚文化所处的太湖地区是我国稻作农业的起源地之一。在众多的良渚文化遗址中，除了成堆的稻谷和稻壳，还发现了蔬菜、瓜果和一些油料作物的种子，如花生、芝麻、蚕豆、两角菱、甜瓜子、毛桃核、酸枣核、葫芦等，说明良渚先民的农业生产范围扩大了；遗址中普遍发现较多的石制农具，如三角形石犁、V 形破土器和耘田器等，表明良渚文化时期已进入犁耕农业阶段，这是

>>>阅读指南

周膺：《东方文明的曙光——良渚遗址与良渚文化》。五洲传播出版社，2007 年 1 月。

俞为洁：《饭稻衣麻——良渚人的衣食文化》。浙江摄影出版社，2007 年 10月。

古代农业发展的一大进步；遗址中众多的水井、排水沟渠遗迹和许多开沟犁的出土，说明灌溉农业可能已经出现。

良渚文化时期，制陶、治玉、纺织等手工业部门已从农业中分离出来，达到了较高的水平。漆器、木器、竹器、象牙器等，都表现出当时生产力在一定程度上的先进性及其所孕育的文化内涵。

良渚文化最令人称奇的是发达的玉器，几乎达到无墓不出玉的程度，这在中华文化史前考古中是绝无仅有的，其品种之丰富、雕琢之精湛，令人叹为观止。良渚先民治玉的工艺已十分精细，他们将加工石器的丰富经验运用于玉石，发展为一整套加工方法，从切割、打样、钻孔、琢纹、研磨一直到抛光，处处表现出鬼斧神工的高超技艺。工匠们有很强的构图能力，尤其是独具特色的神人兽面纹，充满了神秘感，给人带来了无限的遐想。玉器的设计充满求新、求美、求变的气息，即使是同一器种，也尽量避免雷同。良渚玉文化的发达正好与记载中国早期吴越历史、地理的重要典籍《越绝书》中所说的“玉器时代”相吻合。

良渚古城遗址的发现非常意外。2006年6月，为更好地保护已有的良渚遗址，杭州市余杭区凤山村部分农民须外迁安置，当地政府打算在附近建设安置房，依照惯例，需要先进场考古。在绿油油的田地里，考古人员挖出了一条长40米的南北向小河沟，仔细一看，沟里有一些破碎的陶片——是良渚文化晚期的陶片！他们深入挖掘，挖到4米多深的地方，铲头碰到了石块。换个地方再挖到差不多深度，又碰到了石块。当泥土一层层挖去，一大片石块露了出来，原来这一片地是由人工堆筑而成，宽60多米，深近4米。最后，考古人员发现整

良渚文化玉器上的神人兽面纹图案

块土地其实都是人工夯筑而成——土质为黄土，不同于良渚一带灰黑色的淤泥，明显是从其他地方搬运来的。在黄土下面，铺着一层石块，石块比较圆滑，应该是从周边拣来的。之后的挖掘证明，这大堆的黄土就是良渚古城的西城墙，稻田下的那条沟渠是护城河。西城墙全长约 1000 米，宽约 40 米至 60 米。接着，南城墙、北城墙和东城墙依次被发现。城墙环绕着中间的莫角山遗址。西城墙的西边是护城河，东边是民居，而东北方向是贵族墓葬区。

三叉形器和冠形器都是良渚文化独创的玉器器形和特有的礼器

就这样，考古人员挖出了一个 5000 年前的古城！两车道宽的城墙遗址像一条游走的巨龙，潜伏在稻田下，两个自然形成的小山——凤山和雉山的高度被利用起来，成了长方形城墙的对角线。考古工作者推测，古人就是在这两个江南小土丘上定睛远眺，在方圆 290 万平方米的区域，确定了都城的位置。它的面积相当于四个紫禁城，三面环山，面朝大海，像一个半封闭的簸箕。城墙外，有人工护城河环绕，利用天然地形，良渚人隔离出一个世外桃源。据鉴定，防护堤和古城墙的年代，与埃及金字塔的年代相当。

良渚古城的内部结构与“宫”、“国”二字重合得天衣无缝：既可解释为下面是大台子，上面是小台子，小台子上再建房子，就是良渚的王“宫”；又可解释为中间是美玉，外面加四堵墙守卫，就是良渚古“国”。天底下有这样的无巧不成书吗？

良渚古城是目前所发现的同时代中国史前文明遗址中规模最大、水平最高的城址。有专家称，良渚文化势力波及半个中国，良渚古城相当于当时的首都，良渚古城也可称为“良渚古国”。

文字是文明社会的一个重要标志，在良渚文化的一些陶器、玉器上，出现了不少单个或成组的具有表意功能的刻画符号，学者们称之为原始文字。

良渚文化和良渚古城所透露出来的，正是中华文明起源的曙光！

>>>寻踪觅迹

良渚博物院 位于杭州市余杭区良渚镇，综合反映了良渚文化考古研究成果。附近有许多良渚文化重要遗址，如良渚古城遗址、瑶山遗址、反山遗址、汇观山遗址等。

浙江省博物馆 收藏有大量良渚文化文物，并辟有“浙江七千年”专题展览。

65. 中华女神与红山文化

红山女神

1983年秋季的一个黄昏，在辽宁凌源县牛河梁勘察了一天的考古队员准备下山，一个队员无意中在冲水沟边发现了一块暗红色的东西，定睛一看，居然是一件人像雕塑的鼻子！队员们的视线不约而同地顺着冲水沟瞄向高处的东山坡。在那里，当他们小心翼翼地把 50 厘米厚的表土层清理掉后，震惊世界的牛河梁女神庙遗址横空出世！在地下沉睡了 5000 多年的红山女神，嘴角带着一丝若有若无的浅笑，露出了她那端庄而又高贵的容颜，重新把目光投向中华大地。

这样，在中华文化的起源史上，红山文化女神成了一个大亮点。

红山位于内蒙古赤峰市东北郊的英金河畔。20 世纪初到 30 年代末，一些日本人、法国人和中国学者在红山等地发现了几十处新石器时代遗址，并采集到一些史前文物标本。1954 年，在我国著名历史学家尹达撰写、当时的中国科学院考古研究所副所长梁思永作序的《中国新石器时代》一书中，正式提出了“红山文化”的命名。

红山文化主要分布在辽宁，北达内蒙古的西拉木伦河，南逾河北省燕

玉猪龙是红山文化的代表性器物

C型玉雕龙

迄今发现最早的玉龙形象，被誉为“中华第一龙”。内蒙古翁牛特旗三星他拉村小北山出土，中国国家博物馆藏。

山以南，年代距今约6000年至5000年。

红山文化先民是以农业为主的定居部落，牧、渔、猎并存。积石冢、祭坛、神庙、女神、玉雕，丰富而多元的内涵代表了已知的我国北方地区史前文化的最高水平。出土文物中，龙题材是红山文化最具代表性的内容，这一族徽性的形象从它的早期一直延续到晚期。

红山女神彩塑头像与真人头像尺寸相等，是典型的蒙古人种女性特征，与现代华北人的脸形相近。女神像外形轮廓健美柔和，嘴角带有笑意，眼珠用碧绿的圆玉球镶嵌，神采奕奕，富有生命力。与女神像同时出土的还有许多泥塑或陶质的女性裸体塑像及残块。在辽宁喀左县东山嘴遗址大型祭坛中，也发现两件约为真人二分之一大小的裸体孕妇立塑，头及右臂残缺，腹部凸起，臀部肥大，手贴于上腹，有表现阴部的三角形记号，中国没有裸体女神像的传统观点被一举击破。红山文化出土的大量女性雕塑形象，有学者推测是生育神或地母神的象征，也是母系社

>>>阅读指南

席永杰、徐子峰等：《红山文化与辽河文明》。内蒙古人民出版社，2008年4月。

郭大顺：《红山文化考古记》。辽宁人民出版社，2009年2月。

裸体孕妇立像

辽宁喀左县东山嘴遗址出土，辽宁省博物馆藏。

勾云形器

红山文化典型器物之一。对其造型理念众说纷纭，有动物(龙、凤、鹰、鸟、鹿角、猪獠牙)说、云气说、玫瑰花说、旋目神面说等；对其功能有帽饰、衣饰、神权与王权的象征物及通神灵物等说法。

会的具体表现。

红山文化于处于文献记载中的三皇五帝时代，古文献记载的黄帝图腾（熊、龙、龟、云、鸟等），均有红山文化玉器与之对应。有专家认为，黄帝时代活动的中心，只有红山文化的时空框架与之相应。有的专家进一步举证说，红山文化积石唯玉为葬、唯玉是礼，传说中黄帝以玉为兵，黄帝妻嫘(léi)祖养蚕，红山文物中的蚕玉器和玉兵器，即为“玉证”；传说黄帝染五色衣裳，红山文化出土的陶塑所穿短靴前有异常精美的花纹，即为“衣证”；红山文化是龙文化起源地之一，玉龙形象即为“石证”；《山海经》中多次提到颛顼(Zhuānxū)活动在“棘城”一带，即与今辽宁朝阳市毗邻的锦州市义县北，即为“旁证”。凡此种种大胆的猜想，要表达的意思就是牛河梁红山文化遗址可能是黄帝时代的大本营，中华民族的始祖之一黄帝可能是从辽河流域、从牛河梁走出来的。

绿松石枭 (xiāo)

辽宁喀左县东山嘴红山文化遗址出土。枭即猫头鹰，是红山文化的主要图腾物，出土数量最多，姿态各异，与其他动物的组合千变万化。辽宁省博物馆藏。

>>>**寻踪觅迹**

内蒙古赤峰市博物馆、辽宁省博物馆收藏有众多红山文化文物。

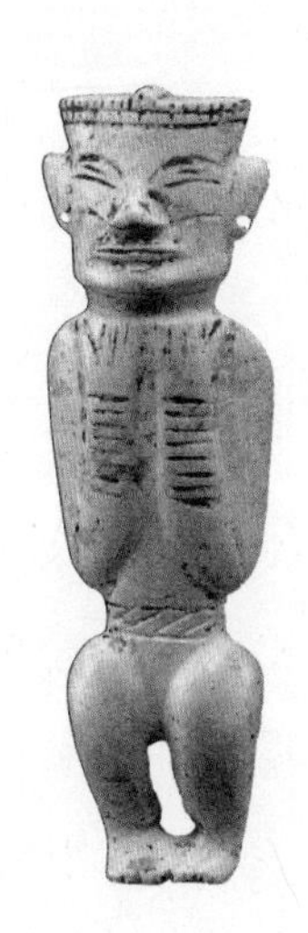

根的记忆

66. 黄帝——四张脸的人文初祖

画像砖上的轩辕黄帝形象

黄帝是中国传说时代的一位代表人物，是他带领中华民族从野蛮走向文明。

被尊为中华始祖之一的黄帝，在传说中是一个长着四张脸的人。黄帝的出生更是充满了神话色彩。据说黄帝是有熊部落首领少典的儿子，母亲名叫附宝。有一天晚上，附宝看到绕北斗的第一颗星起了一道电光，照耀田野，因而怀孕。常言道十月怀胎，可附宝怀黄帝长达24个月。黄帝出生时紫气满屋，生下来还没满70天就会说话，长大后身高过9尺，10岁时就明了世事和自己的责任。后来，黄帝建国于有熊（今河南新郑市），因此被称为有熊氏。

当时另外还有两个比较大的族群——

>>>小贴士

五帝 “三皇五帝”是传说中夏朝以前的帝王，他们是中华上古杰出首领的代表。五帝时代约距今4000年。“五帝”有不同说法，大致有五种：黄帝、颛顼、帝喾、尧、舜；庖牺、神农、黄帝、尧、舜；太昊、炎帝、黄帝、少昊、颛顼；黄帝、少昊、颛顼、帝喾、尧；少昊、颛顼、帝喾、尧、舜。

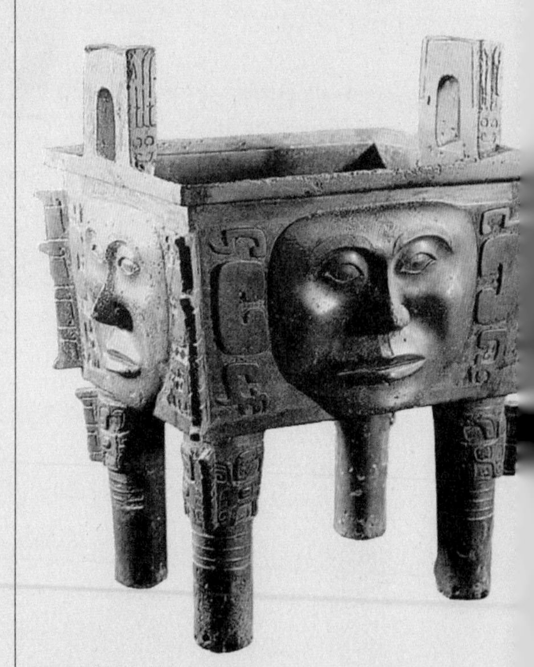

人面方鼎

又名大禾方鼎，商代。湖南宁乡县黄村寨子山出土。鼎腹的四面饰以浮雕式写实人面，表情威严肃穆。对于人面的含义有各种各样的解释，其中就有“黄帝四面”说。湖南省博物馆藏。

具茨山石刻符号

河南新郑、禹州和新密交界处的具茨山，传说是黄帝修德振兵、统一华夏的地方，山上已发现 3000 多处远古石刻图画和符号，以及巨石文化、祭坛和聚落遗留，至今未解其谜。专家认为史前巨石遗迹和岩画年代距今 5000 年左右，与史书记载中的黄帝时期相吻合。

炎帝部落和蚩(chī)尤部落，其中蚩尤部日渐强盛。酋长们互相攻击，战乱不已，生灵涂炭，而天下盟主炎帝的部落则趋于衰落，无力安定天下。炎帝无可奈何，只好求助于黄帝。黄帝于乱世起兵，以德号召天下，毅然肩负起安定天下的责任。黄帝与蚩尤在涿鹿（今河北涿鹿县）大战，双方战士都英勇无畏，战斗十分激烈。黄帝在大将风后、力牧的辅佐下，终于擒获并杀了蚩尤。诸侯尊黄帝为天子，取代炎帝的地位，成为天下的盟主。世人认为他有土德之瑞，因此称他为黄帝。

河南新郑黄帝故里象征有熊氏的大鼎

神话传说虽然荒诞，却透露了中华民族远祖的一部分信息。黄帝开始并不是一个人，而是中华远古时代的一个族群，由若干小族群构成。古书将黄帝描绘成四张脸的形象，折射出黄帝族群构成的多元性。《史记·五帝本纪》说黄帝名轩辕，发祥于甘肃天水轩辕谷，与炎帝同在甘肃秦安大地湾生活过。在阪泉之战胜利后，在釜山合符会盟，黄帝族群成为天下共尊的王族，其君长才被四方族群共尊为帝，始称黄帝，封禅泰山。

>>>阅读指南

《史记·五帝本纪》。

蔡杰、王小康、蔡柏顺：《黄帝史话》。中州古籍出版社，2008 年 4 月。

明代人绘黄帝像

传说黄帝会合炎帝及东夷各族群领袖于西泰山封土为坛，举行盛大的祭天典礼。黄帝端坐在象车上，蛟龙族人驾车，毕方族人在车旁侍卫，蚩尤族人在车前开路，风伯清扫道路，雨师在路上洒水，虎族、狼族担任前卫，鬼族担任后卫，腾蛇族人在山下护卫，凤凰族人在山上护卫，极为壮观。

此后，黄帝族群以姬为姓，活动地域主要在今河南中部，后来到达山西南部和陕西边境，过着迁徙往来无常处的游牧生活。当时这些地方水草丰盛，禽兽众多，适合于游猎。《列子》一书曾说“黄帝梦游华胥之国”。今河南新郑市附近有华城、华阳亭，就是古华胥国之地。而豫州有华山，在洛水东边，大概就是今天的嵩山。现在河南登封、禹州、新密等地，古人俗称“华”，这里又是中国第一个国家——夏朝的兴起地，“华夏”、“中华”之称就起源于此。

“黄帝指南车”模型

考古专家王振铎先生根据史书记载仿制。中国国家博物馆藏。

黄帝在位时间很久，国势强盛，政治安定，文化进步，有许多发明和创造。我国古史时期的衣食住行所需、农工商业、货币、文字、绘画、音乐、医学、历法、阴阳五行、弓箭、伞、镜等的创造发明，均始于黄帝时代，这些都是中华文明的重要标志。正因为如此，后世尊称轩辕黄帝为文明之祖、人文初祖。传说黄帝死后乘黄龙升天，民众将其衣冠葬在“桥山之巅”，希望他灵魂升天，精神永在。

>>>寻踪觅迹

黄帝陵　在陕西黄陵县，黄帝的衣冠冢，古称“桥陵”，是中国历代帝王和著名人士祭祀黄帝的场所。陵区内有历代帝王御制祝文碑刻等众多稀世文物珍品和黄帝文化遗迹。

黄帝故里　在河南新郑市，有黄帝故里祠、黄帝出生地轩辕丘、黄帝纪念馆、始祖山等众多黄帝文化遗迹。

67. 炎帝——人首牛身的农业神

人首牛身的农业神——河南沁阳神农山神农氏塑像

炎帝是远古时期姜氏部落的首领，是中华民族的又一位始祖。《国语·晋语四》中说黄帝和炎帝同为少典之妻有娇氏所生。相传炎帝的母亲名任姒(sì)，一天游华山，看见一条神龙，身体马上有了反应，生炎帝于厉山（又称烈山，今湖北随州厉山镇）。炎帝出生三天就能说话，五天就能走路，三年就知道稼穑之事。

炎帝对中国农业发展有伟大贡献，因此被称为神农氏。上古时没有农业，人们靠打猎、捕鱼、采摘野果为生，经常挨饿、受冻、遇险，过着原始游牧生活。炎帝想让大家过上丰衣足食的安稳日子。他想，要是有一种草结出的果子又多又能吃，那就好了。他不辞辛苦，冒着生命危险走遍了名山大河，尝尽了无数千奇百怪的果子，有一次误吃毒果差点送了命。炎帝不灰心，终于在南方一个山清水秀的地方找到了能结出很多果子又能吃的草，这就是禾苗。经过试种，第一年就收了满满一担黄澄澄的谷子，第二年收获了几十担。从这之后，

>>>阅读指南

王树新、孟世凯：《炎帝文化》。中华书局，2005 年 11 月。

惠焕章、崔彦：《炎帝神农氏百谜》。陕西旅游出版社，2004 年 2 月。

清人绘炎帝像，画的是神农尝百草的情景

一传十，十传百，天南地北种谷的人越来越多。炎帝又教会人们耕作技术，创造了木制耒耜，提高了农作物的产量，百姓得以丰衣足食。为了让百姓不受疾病之苦，炎帝还尝遍了各种药材，以致有一天竟中毒 70 次，成为中草药的第一位发现者和利用者。

湖北神农架神农祭坛大型神农塑像

炎帝族群在发展农业中，逐渐与黄帝族群融合成炎黄族群集团，这就是此后华夏民族的基础。

原始社会末期，炎黄族群开始发生冲突，他们各有各的“仁道”。炎帝想侵夺其他族群，争夺首领的权位。黄帝则实行德政，整顿军队；顺应自然现象，教民种植五谷；安抚各地民众，规划四方土地；训练一批勇猛善战的士兵，各族群都归顺他。两个同父异母的兄弟处于水火不相容的状态，终于酿成了历史上有名的阪泉之战。战争进行得很艰苦。炎帝用火攻，黄帝率领以熊、罴(pí)、貔(pí)、貅(xiū)、虎等为图腾的各部落，在阪泉(今河北涿鹿县东，一说在今山西运城市解州镇附近)与炎帝各部落交战。经过三次激烈的战斗，黄帝获胜，炎帝一败涂地，黄帝从此声威大震。

采药图

描绘神农山中采药满载而归的情景。发现于山西应县木塔内，山西雁北地区文物工作站藏。

炎帝虽然败于黄帝，但他作为中华民族的农业神，一直受到历朝历代炎黄子孙的祭祀和敬仰。

>>>寻踪觅迹

炎帝陵 位于湖南炎陵县，始建于五代前，宋太祖时在陵前建庙，明清以后历代均有修葺。

炎帝故里 位于湖北省随州市厉山镇，传说炎帝诞生于此。炎帝故里有多种说法，陕西宝鸡常羊山和河南沁阳等地也有炎帝、神农的纪念性建筑。

68. 铜头铁额的蚩尤

汉画砖上的蚩尤像

在中华民族起源时代，与炎黄族群并居黄河流域的是东夷族群。

东夷，就是东方之人。东夷在先秦古籍中称为“九夷”，主要分为蚩尤、帝俊、莱夷、徐夷和淮夷五大族群。由于蚩尤曾与炎黄族群发生过两次大战，显得特别出名。

蚩尤是与炎帝、黄帝族群一样古老的族群，传说是伏羲的后裔，曾与炎黄族群鼎立于中原。刚崛起的蚩尤，一开始就因首先使用铜器而特别厉害。蚩尤族群的成员“兽身人语”，文身，穿着奇特的衣服，“铜头铁额”，是一个风俗习惯奇异的族群。

传说蚩尤、黄帝、炎帝发生过两次比较大的战争。第一次是蚩尤和炎帝的战争。神话中说，开始和蚩尤发生战争的是炎帝族群中的共工氏。由于蚩尤向西发展，夺了共工氏的土地，双方爆发了激烈的冲突，共工九个氏族的土地全部被蚩尤占领。炎帝觉得自己的族群受

“蚩尤操兵”带钩

在后人的想象和创作中，兵神蚩尤的形象总是很怪异。

今天黔东南苗族帽子的大银角，造型据说源自祖先蚩尤"头有角"的形象，隐含纪念祖先、获其保佑之意

到欺负，就向黄帝求救，炎黄联合起来对付蚩尤，于是发生了第二次更为激烈的大战。

黄帝和蚩尤的战争地点在涿鹿（今河北涿鹿县境），史称涿鹿大战。据说这是一场恶战。蚩尤是勇猛善战的首领，他披着兽皮或身上画着野兽的图纹，用铜做兵器或护身盔甲，有非凡的作战能力。传说蚩尤有兄弟 72 个，个个强悍能战，大约这是蚩尤族群的 72 个部族。蚩尤"造立刀戟兵杖大弩"，大弩即弓箭，说明他们武器众多而且精良。这些都是黄帝族群所不能及的，所以炎黄族群开始打了几次败仗。

有一天，双方正在原野上酣战，忽然天上起了大雾，黄帝军队被围困在雾中心，手持铜兵器的蚩尤族群却大显身手，左砍右杀，黄帝部众损失很多。幸亏黄帝手下的大臣造出了指南车，辨别了方向，黄帝族群才突出重围。

黄帝和蚩尤的最后一次决定性战役打得最为激烈。双方投入了全部兵力，蚩尤还请来了北方有名的巨人夸父族群来帮忙。战役开始，黄帝敌不过善战能跑的夸父蚩尤联盟，败退了 25 千米。后

>>>阅读指南

罗光平、莹颖：《九黎王蚩尤》。二十一世纪出版社，2010 年 5 月 。

王大有：《三皇五帝时代》。中国时代经济出版社，2005 年 1 月。

来，黄帝巧用兵法，布下出奇制胜的阵式，才转败为胜。夸父被杀死，蚩尤逃跑，黄帝紧追不舍，终于在山西地区捉住了他。黄帝宣布了蚩尤的罪状，令女巫行刑斩下蚩尤的头，肢解了他的尸体。山西有个解县，据说就是肢解蚩尤的地方，而解县附近的盐池，据说是蚩尤的血聚成的。

蚩尤被斩后，传说炎帝的大臣刑天带着一群苗人冲入刑场，抢走了蚩尤尸身，并秘密下葬。后来刑天单枪匹马找黄帝决战，被黄帝斩首。奇特的是被斩首的刑天尸身不倒，血柱冲天，仍然以乳房为眼睛，肚脐为口，舞干戚而战，志不可夺。

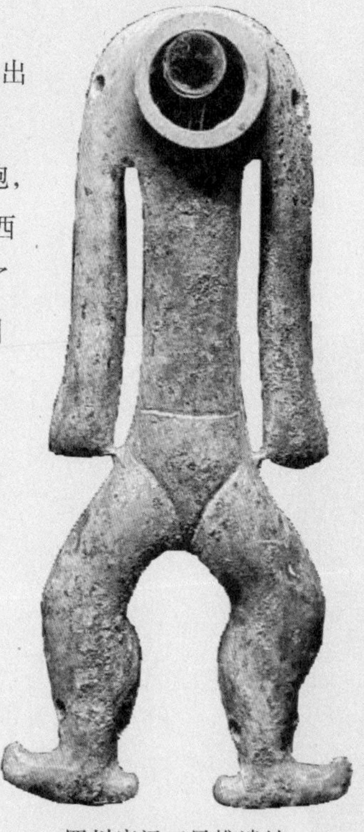
四川广汉三星堆遗址出土的铜人形器，有学者解释为刑天形象

传说蚩尤发明了金属冶炼和金属兵器的制造技术，还建立法规，是法制最早的创造者和施行者，《周书·吕刑》就说“蚩尤对苗民制以刑”。

黄帝、炎帝、蚩尤是同时代的三个伟大人物，是中华民族的三大始祖。蚩尤死后，黄帝及其后代帝王都把蚩尤奉为“兵主”，视为战神来崇敬和缅怀。后来的苗、黎等中国南方少数民族普遍将蚩尤视为先祖，汉族中也有相当一部分人供奉蚩尤。

东汉铜镜上这个左手持钩镶、右手持短剑的怪异形象，有人认为就是兵神蚩尤

>>>寻踪觅迹

蚩尤故里 在湖南安化县乐安镇，有丰富的蚩尤文化遗迹。蚩尤故里是个有争论的问题，河北涿鹿县、山西运城市盐湖区和湖南新化县、隆回县、新邵县等均有蚩尤故里之说。纪念蚩尤的民俗更是遍及全国。

蚩尤冢（墓） 传说黄帝擒杀蚩尤后分尸而葬，所以河北涿鹿县、河南台前县和山东汶上县、巨野县等都有蚩尤冢，虽然其确切性均无法考证，但并不影响中华民族子孙对祖先的敬仰和纪念。

69. 鸟王国里的少昊

大口尊

山东陵阳河大汶口文化遗址出土。腹壁上的图案被认为是中国最早的象形文字符号。有专家认为，这个“日、火、山”组合的陶文，可释为“炅”，它是少昊的“昊”字的本体。

少昊是中国古代神话中的西方天神，他的父亲是太白金星，母亲是天山的仙女皇娥。

传说少昊诞生的时候，有五只按五方的颜色——红、黄、青、白、玄而生成的凤凰，飞落在少昊氏的院里，因此他又被称为凤鸟氏。

据说少昊具有神奇的禀赋和超凡的本领。他长大后成为氏族的首领，后又成为整个东夷族群的首领。少昊开始以玄鸟即燕子作为本部的图腾，后在穷桑（今山东曲阜市北）即大联盟首领位时，有凤鸟飞来，以为吉祥，于是改以凤鸟为族神。不久，少昊迁都曲阜，所辖部族都以鸟为名，有凤鸟氏、玄鸟氏、青鸟氏，共24个氏族，形成一个庞大的以凤鸟为图腾的氏族部落。

少昊在东海之滨建立的国家有一套奇异的制度，就是以各种各样的鸟儿作为文武百官，并根据不同鸟类的特点进

狗型鬶

水器。山东胶县三里河大汶口文化遗址出土。

大汶口文化晚期立鸟异形陶器
安徽蒙城县尉迟寺出土，可能是先民图腾崇拜和权力的象征物。中国社会科学院考古研究所藏。

陶号角
山东莒县陵阳河大汶口文化墓葬出土。

行具体的分工：凤凰总管百鸟，燕子掌管春天，伯劳掌管夏天，鹦雀掌管秋天，锦鸡掌管冬天。他又派五种鸟管理日常事务：孝顺的鹁(bó)鸪(gū)掌管教育，凶猛的鸷(zhì)鸟掌管军事，公平的布谷掌管建筑，威严的雄鹰掌管法律，善辩的斑鸠掌管言论。另外有九种扈(hù)鸟掌管农业，使人民不至于淫逸放荡；有五种野鸡分别掌管木工、漆工、陶工、染工、皮工等五个工种。一句话，各种各样的鸟儿都各尽其才，各司其职，协调活动。因此，一到开会的时间，百鸟齐鸣，莺歌燕语，嘈嘈杂杂。一国之君少昊根据诸鸟的汇报论功行赏，论过行罚，一切都显得那么井井有条。百鸟们无不感激少昊的慈爱和德政，无不佩服他的智慧和才华。

少昊在位期间，修太昊之法，设工正、农正分别管理手工业和农业，订立度量标准，并观测天象，制定历法，发明乐器，创作乐曲，为中华文明的发展做出了重要贡献，因此被奉为“五帝”之一。

大汶口文化（前4300～前2500）被认为是少昊氏的文化遗存，其分布范围以山东泰山地区为中心，东起黄海之滨，西及河南，北濒渤海，南抵苏皖，与文献记载的少昊氏活动范围相吻合。

阅读指南

高广仁、邵望平：《海岱文化与齐鲁文明》。江苏教育出版社，2005 年 4 月。

戚兆磊：《2000 个应该知道的历史常识》。江苏人民出版社，2009 年 5 月。

寻踪觅迹

少昊陵　位于山东曲阜城东，是我国著名古陵之一，由上万块石头垒成，号称“东方小金字塔”。

山东省博物馆、济南市博物馆等相关地区均收藏有大汶口文化文物。

70. 大战共工的颛顼

河南濮阳市颛顼帝乘龙至四海雕塑

相传颛顼姓姬，是黄帝的孙子，性格深沉而有谋略，十几岁就开始辅佐少昊治理九黎族，因被封于高阳，故又称其为高阳氏。颛顼活动的中心在今河南濮阳市一带，与之相邻的是生活在今河南辉县市一带的共工氏。传说共工是炎帝的后裔，人脸兽身，青面红发，勇猛彪悍。

共工身边有一个佞(nìng)臣叫浮游，贪婪残暴，屡屡怂恿共工发兵攻打四方。共工的儿子勾龙（即后土）劝父亲以仁政治理天下，反对使用武力征服。共工不听劝告，趁少昊驾崩、颛顼刚刚当上首领且势单力薄之时，悍然发动了战争。共工率兵从冀州打到冀南，渡过黄泽（今河南内黄县西），直奔颛顼的都城帝丘（今河南濮阳）。

颛顼闻讯，出兵应战。两军在菏泽一带打了一次大仗。颛顼用诱敌深入、伏兵合击的办法打败了共工。浮游突围后迷失了方向，向南方逃到淮水边，粮草断绝，投水自尽。共工拼命突围后，率残兵退回冀州。冀州百姓因平时不堪共工虐待，等颛顼军到，相继归服，共工失去民心，只好又向西北逃去。逃到幼泽，跟随的士兵渐渐散去，追兵又至，共工悔恨不已。绕过幼泽，共工来

浙江德清市防风山防风祠颛顼战共工壁画

河南内黄县二帝陵壁画（局部）

描绘了颛顼绘制九州，实现华夏族和各民族统一及其后代大禹治水等故事。

到不周山脚下。不周山山势突兀，直冲云霄，山上不生苍松翠柏，尽是一层层的褐黄色岩石，原来它是一根撑天的柱子。共工性情刚烈，长时间的鏖(áo)战令他心浮气躁。他想：事到如今，败局已定，我何不撞倒这不周山，让天庭发生一场震动？他豪气顿生，一头向不周山撞去，只听“轰隆”一声巨响，天柱拦腰折断，霎时，天崩地裂，洪水泛滥，共工脑浆迸裂，死于乱石之下。

清代人绘颛顼像

颛顼大战共工实现了当时各族群的统一。当时民间祭祀很乱，社会很不稳定，为了使百姓从杂乱的祭祀活动中解脱出来，安心生产，颛顼进行了“绝天通地”的改革。他禁绝巫教，委派孙子重为南正之官，掌管祭祀神灵，重的弟弟黎为火正之官，掌管民事。兄弟俩各守其业，断绝天地人神的交通，从而强化了颛顼的地位。

在历史传说中，共工还是个治水英雄，对农业也很精通，所以后世奉他为水神。

>>>阅读指南

钱庆国：《高阳大帝》。昆仑出版社，2010年5月。

曹文轩主编：《中国神话故事精选》。北京大学出版社、江苏文艺出版社，2004年5月。

>>>寻踪觅迹

河南濮阳市 传说是颛顼及其部族的活动中心，有“颛顼遗都”和“帝丘”之称，有颛顼陵(庙)等相关古迹。

71. 为民操劳的帝喾

河南内黄县二帝陵壁画（局部之一）
描绘帝喾掌握了日月星辰变化的规律，指导子民进行冶炼、制陶、采药、播种、采桑等劳作和生产。

岁月悠悠，颛顼年老病重。他主动辞去职务，让大家推选夋(qūn)继任首领。据说夋是黄帝的曾孙，父亲叫蟜(jiǎo)极。夋出生后，小嘴时张时合，喃喃自语，“夋夋”地喊个不停，仿佛与树上“吱吱”叫着的紫燕相唱和，所以就给他起名叫夋。

颛顼有八个吃苦耐劳的儿子，夋常和他们一起劳动，耳濡目染，出落为一流的人物。有一天，14 岁的夋跟着氏族里的男人们外出打猎，就驯服了野牛，大家感到惊奇，将他视为神人，到处哄传着他的事迹。

夋上任后，辛苦地为大家操劳，被大家喊作“帝喾(kù)”。帝喾率领氏族全体成员离开地力枯竭的江地，朝北方迁徙。他们来到薄地（今河南偃师市），发现西南方是连绵不断的高山，中间夹着一条清澈见底的大河，灌溉着肥沃的土地。帝喾大喜，决定在这里住下来开荒种地。夜深人静时，帝喾观测星相，掌握了月亮弦、望、晦、朔的变化规律。他总结多年的生产经验，发现了二十四节气，使大家耕作顺应天时，提高了庄稼的产量。

河南内黄县二帝陵壁画（局部之二）
描绘帝喾的四个妃子常仪、庆都、简狄、姜嫄以及他们的儿子挚、帝尧、契、后稷继承和发扬先祖事业的故事。

蚌龙

仰韶文化早期。河南濮阳西水坡出土。濮阳是古史传说中的颛顼之墟，有学者因此把这个三皇五帝时代的遗物与伏羲、黄帝、颛顼、蚩尤等联系起来。中国国家博物馆藏。

作为首领，帝喾带头吃苦在前，享受在后，处理事务公平不偏，关心爱护族群的每一个成员，周围许多部落得知后，纷纷前来投靠。有一天，帝喾来到有骀（tái）部（今陕西武功县一带）视察，正赶上丝丝细雨，车陷在泥泞中。他只好下车，踏着泥往前走，突然发现一位活泼可爱的少女跟着他，笑嘻嘻地踩着他在泥地上留下的脚印。帝喾处理完公事，从闲谈中得知少女名叫姜嫄，就娶她做了妻子，生下男孩后稷(jì)。不久，帝喾又娶有娀(sōng)部姑娘简狄为妻，生下男孩契。大河对岸住着娵（jū）訾（zī）部，部落中有个少女叫常仪，从小酷爱游泳。帝喾对她产生了爱慕之情，苦于大河阻挡，不能相见。于是他砍倒大树，掏空树干，做成独木舟划到对岸，正碰上常仪游泳上岸，恰似出水芙蓉般可爱。帝喾娶常仪为妻，生下男孩挚。

后稷、契、挚后来都成了中华民族的始祖。

河南内黄县二帝陵颛顼、帝喾像

>>>阅读指南

晋文：《中国帝王图志》。山东画报出版社，2009年5月。

张清华：《一口气读完上古史》。京华出版社，2009年1月。

>>>寻踪觅迹

二帝陵 即颛顼、帝喾的陵墓，在河南内黄县。

72. 火正之官祝融

《山海经》记载:“南方祝融，兽身人面，乘两龙。”

相传古时的三皇之一祝融住在昆仑山的光明宫，是他传下火种，教人类用火的方法。

有一年，帝喾带着夏族人由南向北转移，中途忽然遇到暴雨，山洪暴发，遍地是水，大人小孩都被浇得像落汤鸡。祝融负责管理火种，他随身带的火种也被暴雨淋灭了。人们又冷又饿，孩子们哭叫不停。帝喾叫大家在一个大石洞里暂住下来，等待天晴之后再走。谁知一连几天，雨一直不停地下着。由于没有火种，无法生火做饭、取暖，人们在石洞里饥寒难忍。饿得实在支持不住了，大人便开始吃生肉，老人和小孩也只得用冷水泡蘑菇吃。

祝融着急万分，想钻木取火，可是木柴全是湿的，很长时间也没钻出火星。他累得满头大汗，一气之下，便把手里的钻头狠狠地扔出去。哪想钻头撞击在石洞的岩石上，居然溅出了火星。祝融顿时由忧变喜，忘记了疲劳，找来很多石块，用力互相撞击，只见火星不断飞溅。可是，怎样才能使火星燃烧呢？这又成了一个难题。祝融找来常先、大鸿、力牧等人一同想办法。大家你一言我一语说个不停，只有常先低着头，一句话

火神祝融也是中国民间供奉的灶王爷之一

祝融观星

湖北武汉磨山楚文化城雕塑。火神祝融踏于日月火轮之上，一手托龟甲，记载风向时运，一手举星宿图形的“斗”。传说祝融是古代楚国的始祖，楚先人尊凤崇火。

也不说。突然，常先猛然站了起来，说：“有办法了！”他把缠腰的腰围解下来，用劲撕开，掏出一团芦花絮，对祝融说：“你把这些芦花絮放在石头下面，再击石取火。”祝融按他的建议把芦花絮摆好，再击石。溅落的火星越来越多，祝融用口轻轻一吹，随着一股浓烟蹿出了火苗，取火成功了！有了火，人们就有了生存的希望。帝喾专门为祝融举行了庆功会，给他记了大功，并封他为“火正”（官职）。在河南仰韶文化出土的陶片上就有火正祝融的族徽。

祝融发明的“击石取火”方法，使人们不再为保存火种发愁，这就大大方便了人类的生产和生活。因火是红色的，所以后人把祝融称为“赤帝”，尊他为火神。作为三皇五帝之一，祝融也是中华民族的始祖。

融觯(zhì)

商代晚期。山东青州市苏埠屯出土。同出青铜器 15 件有“融”字铭文。有专家认为“融”可能是古代传说中火神祝融氏后裔特有的徽号。

>>>阅读指南

溯源：《三皇五帝》。九州出版社，2010 年 10 月。

袁珂：《中国古代神话》。华夏出版社，2006 年 1 月。

>>>寻踪觅迹

祝融峰　南岳衡山的最高峰。相传祝融曾以衡山为栖息之所，死后葬在衡山的最高峰。山上有祝融殿，因山高风大，建筑用坚固的花岗岩砌墙，以铁瓦盖顶。

73. 尧舜禹和禅让

尧、舜、禹是中国上古时期三个很出名的人物，他们原来都是一个族群的首领，后来被推选为部落联盟的领袖。

尧在位时，天下洪水汤(shāng)汤。他任用鲧(gǔn)治水，鲧九年无功而返，尧又启用禹，才使洪水得以治理。尧设置谏言之鼓，让天下百姓畅所欲言；立诽谤之木，让天下百姓攻击他的过错。尧年纪大了，想找一个继承他职位的人，就召集四方部落首领来商议。有个名叫放齐的说："你的儿子丹朱是个开明的人，继承你的位子正合适。"尧严肃地说："不行，这小子品德不好，专爱跟人争吵。"另一个叫欢兜的说："管水利的共工，事情做得挺不错。"尧摇摇头说："共工能说会道，表面恭谨，心里另是一套。用这号人，我不放心。"

舜耕历山砖雕

金代。舜的孝行感动了天帝，传说他在历山耕种，大象替他耕地，鸟代他锄草。他的美德作为中国传统的二十四孝之一，被世代传诵。山西博物院藏。

画像砖上的大禹（左）形象

他们和瞽叟一起几次三番想暗害舜。

有一回，瞽叟叫舜修补粮仓的顶。当舜搭梯子爬上仓顶的时候，瞽叟就在下面放起火来，想把舜烧死。舜见到起火，想找梯子下去，梯子已经不知去向了。幸好舜随身带着两顶遮太阳用的笠帽，他双手拿着笠帽，像鸟张翅膀一样跳下去。笠帽随风飘荡，舜轻轻地落在地上，一点也没受伤。

瞽叟和象不甘心，又叫舜去掏井。舜下井后，瞽叟和象就从地面上把一块块土石丢下去，想把井填没，把舜活活埋在里面。没想到舜在井边掘了一个孔道，钻了出来，又安全地回家了。

象不知道舜早已脱险，得意洋洋地回到家里。象对瞽叟说："这一回哥哥准

这次讨论没有结果，尧继续物色他的继承人。一天，他又把四方族群首领找来商量，大家一致推荐舜。尧也听说舜挺好，就让大家说说舜的情况。

原来，舜的父亲是个糊涂透顶的人，人们叫他瞽(gǔ)叟(sǒu)，就是瞎老头的意思。舜的生母早死了，后母很坏。后母生的弟弟名叫象，傲慢得没法说，瞽叟却很宠他。舜生活在这样一个家庭里，却待父母、弟弟很好。大家认为舜是个德行好的人。

尧听了很高兴，决定先考察一下舜。他把自己的两个女儿娥皇、女英嫁给舜，还替舜筑了粮仓，分给他很多牛羊。舜的后母和弟弟见了，既羡慕，又忌妒。

>>>阅读指南

张建合：《尧舜禹演义》。山西人民出版社，2009年3月。

钱穆：《黄帝》。生活·读书·新知三联书店，2005年3月。

玉骨组合簪

山西襄汾县陶寺遗址出土。由一件骨簪、三件玉饰和六十余枚绿松石嵌片组成。

铜齿轮形器

山西襄汾县陶寺遗址出土。出自墓主的手臂位置，有学者认为是钏饰，也有学者认为可能是表现“朔望月轮”的功能。古襄汾为传说中的尧都、禹都平阳，有学者认为陶寺遗址就是唐尧部族的文化遗存。

土鼓

陶寺遗址出土，顶部和底部都蒙以皮。《吕氏春秋·古乐篇》记载：尧命质用麋鹿皮蒙在瓦缶口上，用来敲击。

死了，这个妙计是我想出来的，现在我们可以把哥哥的财产分了。”他们向舜住的屋子走去，哪知进屋子一看，舜正坐在床边弹琴呢！舜装作若无其事的样子，还是像过去一样和和气气对待他的父母和弟弟，瞽叟和象也不敢再暗害舜了。

尧经过考察，认为舜确实是个品德好又能干的人，就把首领的位子让给了舜。这种让位，历史上称作“禅让”。

舜接位后，励精图治，天下人都心悦诚服。舜年老的时候，把王位禅让给了禹。禹治水有功，受到了大家的拥戴。传说为了治理洪水，禹身先士卒，与民众同甘共苦，一直过着单身生活，到了30岁还迟迟不结婚。新婚刚刚四天，他便匆忙地离开新娘，风尘仆仆地奔向治水工地。古书里还记载，禹治理洪水时，亲自拿着畚箕、铲子，顶风冒雨走在前面。他在外一共待了整整13年，三次路过自己的家门都没回去看一看。他的手上、脚上都磨出了厚厚的茧子，指甲被磨光了，连腿肚上的汗毛也全被碱水腐蚀掉了。还不到老年，他就得了一身的病，但他仍然一跛一颠地来回奔波在治水工地上。

尧舜禹时代太平、安宁的社会景象一直为后世称颂，尧、舜、禹也成为贤明君主的化身。

>>>寻踪觅迹

帝尧故里　有多种说法，山西临汾市、长子县，山东菏泽市、定陶县、曲阜市，河北顺平县、唐县，浙江兰溪市，湖南桃源县、常德市，江苏高邮市等地都有相关的遗迹或纪念地。

舜陵　湖南宁远县九嶷山、山西运城市均有舜帝陵庙。

74. 不粒食的戎狄

贺兰山岩画——各种不同造型的人面像，有专家认为这是古代巫师画的神灵形象

西周以前，中原西部和北部的中华民族先民分为三个族群集团，即猃(xiǎn)狁(yǔn)、鬼方和羌方。从西周开始，它们在文献中被称为戎或狄。

贺兰山岩画——古代西北游牧民族心目中的“太阳神”

春秋时，戎狄种类很多，史书称有九夷、八狄、七戎、六蛮，主要分布在中原西部、北部，也有与中原其他族群犬牙交错地杂居在一起的。

戎狄的人文特征非常显著，他们被(pī)发，穿皮毛做的衣服，吃面食。

远古史中传说猃狁与黄帝有不可分的关系。相传黄帝和炎帝作战时，猃狁的首领曾训练过黄帝部落中的熊、罴、貔、狄、貅、貙(chū)、贲(bēn) 等族群的成员。这些在北方以野兽为图腾的族群，很可能就是猃狁的一部分，而今天黄帝的衣冠冢所在地陕西黄陵县，正是猃狁

贺兰山岩画手印图

它是象形文字发明之前的契约式图画文字，手印代表权利和占有。画面可解释为：右边的部落征服了左边的部落，有人、神做证，这个契约是永远有效的。

出没的地方。

建立周朝的周族也与戎狄关系密切。周的首领曾娶羌方族群的女儿姜嫄为妻，所以《诗经·生民》中干脆把姜嫄当作周人的始祖。周朝建立后，周与羌建立了牢固的婚姻联盟，周王均娶羌女为后，如大名鼎鼎的周武王的妃子名邑姜，周成王的妃子名王姜等。

统一中国的秦始皇的先祖也是戎人，凭着保护周平王东迁有功受封，称霸西戎，进而崛起于中华大地。

此后，中华民族这个"雪球"越滚越大，除了同化或融合于汉族外，戎、狄向西和向北迁徙，不断变迁，"子孙与别，各自为种"，成为今天藏族、羌族、彝族、纳西族、傈僳族、拉祜族、哈尼族等少数民族的族源之一。

戎狄当之无愧地是中华始祖之一。

>>>阅读指南

何光岳：《北狄源流史》。江西教育出版社，2002年12月。

马长寿：《北狄与匈奴》。广西师范大学出版社，2006年6月。

>>>寻踪觅迹

贺兰山岩画 分布在宁夏贺兰山东麓南北长200多千米的范围内，以贺兰口岩画最具代表性。它们是自远古以来活跃在这一地区的先民们生活场景的记录。

银川世界岩画博物馆 坐落于贺兰口岩画风景区内，展示有30多个国家的岩画精品，是目前世界上规模最大的岩画专题博物馆。

索 引

古今民族（族群）名称